Betsy Taylor

O que as crianças realmente querem que o dinheiro não compra

SEXTANTE

Título original: *What Kids Really Want that Money Can't Buy*

tradução
Simone Lemberg Reisner

preparo de originais
Débora Chaves

revisão
Lara Alves
Luis Américo Costa
Sérgio Bellinello Soares

projeto gráfico e diagramação
Valéria Teixeira

capa
Miriam Lerner

fotolitos
RR Donnelley

impressão e acabamento
Bartira Gráfica e Editora S/A

CIP-BRASIL. CATALOGAÇÃO-NA-FONTE
SINDICATO NACIONAL DOS EDITORES DE LIVROS, RJ

T24o Taylor, Betsy
O que as crianças realmente querem que o dinheiro não compra / Betsy Taylor; tradução de Simone Lemberg Reisner. – Rio de Janeiro: Sextante, 2006.

Tradução de: What kids really want that money can't buy

ISBN 85-7542-259-6

1. Responsabilidade dos pais. 2. Crianças – Conduta. 3. Crianças consumidoras – Psicologia. 4. Simplicidade. 5. Valores sociais. I. Título.

CDD 649.1
06-3658 CDU 649.1

Rua Voluntários da Pátria, 45 – Gr. 1.404 – Botafogo
22270-000 – Rio de Janeiro – RJ
Tel.: (21) 2286-9944 – Fax: (21) 2286-9244
E-mail: atendimento@esextante.com.br
www.sextante.com.br

O que as crianças realmente querem que o dinheiro não compra

Para meu pai, Neil,

e em memória de minha mãe,

Anne, por seu amor sem limites.

Sumário

Prefácio

por Mary Pipher, Ph.D.

Este livro nasceu de um concurso realizado por minha organização não-governamental favorita, o Centro para um Novo Sonho Americano. Mais de dois mil jovens e crianças, com idades entre 5 e 17 anos, enviaram um comovente leque de histórias, redações e trabalhos artísticos sobre o tema "o que você quer que o dinheiro não compra". As respostas dessas crianças nos fizeram ver que elas desejam amor, respeito, mais tempo livre, mais contato com a natureza e com os familiares distantes, além de um mundo saudável e pacífico.

Em uma sociedade que se vangloria das novíssimas estratégias de marketing que acompanham todas as etapas da vida de uma pessoa, e que elegeu como alvo principal crianças entre 0 e 3 anos, são nítidas a angústia e a urgência das crianças por experiências simples, porém prazerosas, como passear pelo bosque, ouvir histórias contadas pelos avós e aconchegar-se com os pais diante de uma lareira.

Quando se sabe que essas crianças assistem entre 20 a 40 mil comerciais por ano, é incrível que tenham tanta sabedoria ao decidir o que realmente desejam e do que verdadeiramente precisam. Muito do que elas aspiram hoje eu tive na minha infância, mas a verdade é que tem havido um constante declínio no número de oportunidades para tais experiências.

Não quero dizer com isso que a maneira de se criar os filhos piorou. Na verdade, a maioria dos pais e mães modernos se esforça mais do que as gerações anteriores. O problema é que a cultura na qual vivemos tornou mais difícil a tarefa dos pais. Uma maneira simples de comprovar essa afirmação é observar quatro gerações de minha própria família.

Minha mãe cresceu numa pequena fazenda no Colorado, onde ela e os quatro irmãos ajudaram a cuidar dos cavalos e do gado desde pequenos. Informações e entretenimento vinham da pequena cidade de Flagler e a família não era exposta à mídia ou à propaganda. Além disso, era a época da Grande Depressão e ninguém tinha dinheiro para comprar nada.

Apesar da pobreza, minha mãe teve uma infância maravilhosa. A família trabalhava unida e todos se divertiam com jogos de cartas e de tabuleiro, liam em voz alta e cantavam músicas folclóricas ao som de um violino e um piano. Parentes distantes visitavam-se com freqüência e passavam muito tempo juntos, sendo que os avós escoceses foram viver na casa dela quando ficaram mais velhos.

Minha mãe sempre me contou histórias sobre suas aventuras infanto-juvenis: o dia em que matou cobras venenosas, a "colheita" de pêssegos feita sorrateiramente na carga derramada de um caminhão acidentado, a vibração com as vitórias do pequeno time de basquete da cidade. Ela conhecia todos os que viviam na região e eles também a conheciam. As pessoas faziam compras nas noites de sábado e a rua principal de Flagler parecia uma festa comunitária.

Minha infância já foi um pouco mais moderna. Cresci em uma pequena cidade do estado de Nebrasca, onde também sabia o nome de todos os habitantes e de seus cachorros. Os filhos de alguns parentes passavam as férias de verão em nossa casa e minha avó paterna morava bem perto. Eu costumava passar longos e preguiçosos dias de verão lendo sob as árvores, explorando riachos ou domesticando os vários animais silvestres que encontrava. Não existiam atividades estruturadas, afora ir à igreja e à escola. Nossa família só comprou uma TV depois que completei 10 anos e, mesmo assim, nunca me senti muito atraída pela telinha.

Já meus filhos, nascidos nos anos 1970, cresceram numa

pequena cidade de 200 mil habitantes. Eles viam os avós com freqüência, mas o tempo passado com os parentes mais distantes era limitado. Eles foram expostos, ainda que em pequenas doses, à catástrofe do marketing, à mídia e às modernas tecnologias. Para desviar o foco de seus interesses, lançávamos mão de algumas medidas simples. Nosso aparelho de TV, por exemplo, ficava no porão da casa, e, como estávamos ocupados demais com nossos cães, gatos, frangos e hamsters, sobrava pouco tempo para parar diante dele. Além disso, durante as férias, gostávamos de acampar e pescar.

Apesar de todas essas medidas preventivas, as oportunidades que as crianças tinham para brincar ao ar livre eram menores do que as que eu tive. Essa é a maior diferença entre a minha infância e a de meus filhos: a quantidade de tempo livre. Sarah tinha aulas de violino, piano, redação e teatro, além de futebol e beisebol. Zeke tinha caratê, beisebol, natação e participava de várias colônias de férias. Suas férias não eram descompromissadas, não sobrava tempo para deitar-se na grama e ficar observando as nuvens mudarem de formato.

Minha neta, Kate, nascida em 2001, vive em uma pacata cidade universitária cercada de milharais. Seus avós desejam muito vê-la, mas moram em cidades próximas e não podem viajar sempre que desejam. Seus pais amam a natureza, mas terão de fazer um grande esforço para despertar nela esse mesmo amor. Kate nasceu num mundo de Teletubbies e grifes infantis que fazem as meninas se vestir como pequenas adultas, de bebidas alcoólicas com gosto de suco e de tênis de grife de mais de US$ 500. Ela vai crescer cercada de e-mails, telefones celulares, computadores de bolso e videogames. Terá, sem dúvida, muito mais acesso a produtos, mas menos aproximação com as coisas que as crianças realmente desejam e o dinheiro não compra.

Há alguns anos, escrevi o livro *The Shelter of Each Other* (O refúgio de cada um), sobre as mudanças no comportamento das famílias ao longo de um século. Descobri que, para sobreviver no mundo moderno, as famílias precisam fazer escolhas objetivas – proteger os filhos de tudo o que é prejudicial e conectá-los ao que é bom e belo – e ter um propósito, sob pena de acabarem estressadas, doentes, viciadas e partidas.

Este maravilhoso livro, *O que as crianças realmente querem que o dinheiro não compra*, é uma continuação dos meus argumentos. A diferença é que, dessa vez, nossos filhos é que estão defendendo as visões mais importantes. Eles querem que lhes contemos histórias e que os levemos para visitar avós e primos, querem jantar em família, jogar cartas, ter animais de estimação, divertir-se mais e possuir menos – em suma, querem que desaceleremos nossas vidas e brinquemos com eles.

O serviço prestado por Betsy Taylor é o de mensageira – ela está levando as palavras de nossos filhos aos nossos corações. Com sua mente perspicaz e espírito solidário, com suas incisivas observações e conselhos práticos, ela nos conclama a agir. Seu livro identifica os efeitos nocivos do consumismo sobre as famílias, as comunidades e o planeta, e revela como os publicitários tentam transformar os sonhos de nossos filhos em objetos a serem adquiridos nas lojas. Felizmente, não têm sido bem-sucedidos. Taylor nos encoraja a trabalhar juntos para oferecer aos nossos filhos o que eles mais desejam.

Capítulo 1

O que as crianças realmente querem que o dinheiro não compra

Este livro é feito sob medida para quaisquer pais a quem os filhos tenham pedido – tudo bem, *implorado* – os últimos brinquedos, roupas, aparelhos eletrônicos ou sorvetes lançados no mercado. É para pais e mães que tenham se endividado para satisfazer as exigências de seus filhos, ou para aqueles que compraram algo que desaprovam exatamente pelo mesmo motivo. Se alguma vez você se surpreendeu com a imensa quantidade de *coisas* guardadas no quarto de seus filhos e ficou imaginando se seria possível fugir do consumismo excessivo, este livro é para você também.

Educar filhos é uma tarefa cada vez mais difícil. Todos os dias as crianças estão expostas a uma saraivada de imagens e mensagens cujo único objetivo é vender alguma coisa para elas. O resultado é uma geração de hiperconsumidores crescendo bem diante de nossos olhos. É verdade que vivemos numa época de extraordinárias oportunidades e escolhas, porém esse frenesi de compras tem um custo, e ele nem sempre se refere ao dinheiro gasto. Na ânsia de conseguir mais e mais coisas, muitos jovens reclamam de privação do sono, estresse e depressão.

Os pais se preocupam com o fato de seus filhos definirem o próprio valor através daquilo que possuem e de terem pouca ou nenhuma capacidade de esperar pelas recompensas. Como observou a renomada escritora e psicóloga Mary Pipher, essa é a geração do "eu quero": "Nossos filhos foram educados para se sentirem no direito de possuir e foram programados para a infelicidade. Os anúncios comerciais têm estimulado essa geração a alimentar expectativas que não é capaz de satisfazer."

Quando uma sociedade está muito preocupada com coisas materiais, as pessoas perdem contato com as fontes de felicidade que não exigem sucesso ou lucro imediato e se deixam levar pelas pressões consumistas que estimulam mais o gasto que a poupança. Isso se reflete na queda da taxa média de poupança pessoal nos Estados Unidos e no aumento de falências pessoais (recurso jurídico possível nos Estados Unidos). De fato, o mau gerenciamento financeiro tornou-se um problema comum.

A figura do hiperconsumidor também representa uma enorme ameaça ao meio ambiente, pois está acostumado a uma cultura de descartáveis. Como os americanos são recordistas em desperdício – consomem mais papel, energia e alumínio per capita que qualquer outro povo –, imagine o impacto ambiental caso a epidemia de consumo continue crescendo! O grande desafio é evitar a cultura do "quanto mais, melhor" e partir para o resgate dos prazeres simples e reconfortantes.

Eu mesma tenho lutado contra esse estado de coisas, seja como mãe de dois pré-adolescentes ou como diretora da ONG Centro para um Novo Sonho Americano, cuja proposta é ajudar indivíduos e instituições a consumir com responsabilidade. Para entender como os pais americanos se sentiam a respeito desse tema, fizemos uma extensa pesquisa que nos revelou que a ampla maioria admite estar perdendo terreno para a propaganda nessa batalha de corações, mentes e carteiras. Todos nós sonhamos com filhos bem-sucedidos e felizes, mas, na opinião dos pais, o que eles *realmente* desejam é consumir, de preferência coisas que são muito caras ou que não são boas para eles.

Para ampliar a pesquisa, patrocinamos um concurso de desenhos e redações para crianças e jovens entre 5 e 17 anos com o seguinte tema: “O que as crianças realmente querem que o dinheiro não compra”. As mais de duas mil respostas que recebemos foram comoventes, poderosas e simples. Nossos filhos desejam mais que coisas materiais. Muito mais. Eles querem respeito, amigos que gostem deles pelo que realmente são e tempo para aproveitar a vida, além de diversão à moda antiga. Basicamente, eles querem mais significado e objetivo, menos estresse, menos deveres de casa e, acima de tudo, querem amor.

Outra pesquisa feita por minha ONG revelou que na faixa entre 12 e 17 anos o adolescente médio insiste nove vezes para conseguir um produto que seus pais inicialmente se recusam a comprar e acabam concordando para se livrar de tanta amolação. Devo confessar que comprei para meu filho um caríssimo par de tênis para jogar basquete. Sim, gastei US$ 300 num calçado que em pouco tempo ficará pequeno demais para os pés dele e que custou pelo menos duas vezes mais do que outros da mesma qualidade. Assim mesmo, eu os comprei porque meu filho insistiu demais, pediu com muito carinho, usou argumentos dignos dos melhores advogados e filósofos. Isso lhe soa familiar?

Aposto que você já passou por uma experiência semelhante! Seu filho ou filha certamente “precisa” de um telefone celular “igual ao de todos os seus amigos”, de caríssimas calças jeans de uma marca famosa ou de mais um videogame com um selo de advertência sobre violência. Talvez você não consiga empurrar o carrinho do supermercado sem ouvir gritos de “compre isso!” a cada passo – por que isso não acontece quando passamos pelas gôndolas de frutas e verduras?

Pode ser que, sem perceber, você esteja incentivando o que você mesmo condena: será que você está preparando uma festa de aniversário para seu filho de 4 anos e vai gastar uma fortuna em decoração, bufê, teatro e lembrancinhas só para torná-la inesquecível? Alguma vez você já se preocupou se estava gastando o *suficiente* num presente para seu filho levar à festa de algum amigo? Você costuma passear com a família no shopping, mesmo que não esteja precisando de nada especial?

É quase inevitável. Afinal, na cultura consumista em que vivemos há uma enorme pressão para ter, comprar e gastar e nem você está imune a isso. Mas as crianças são, naturalmente, as *mais* vulneráveis. O marketing está cada vez mais se especializando – eles querem incentivar a fidelidade de marcas até para crianças de apenas *2 anos* de idade. Mas voltemos aos tênis de basquete de meu filho. Ele o usou todos os dias naquela fase e jogou excelentes partidas de basquete, então, acho que a história teve um final feliz apesar de ainda me sentir em conflito. Quero que meu filho realize seus desejos e que corra atrás daquilo que gosta, mas quero também que ele pense de maneira crítica e não tenha falsas *necessidades*. Aquele par de tênis não ajudou ou atrapalhou sua habilidade de jogar basquete. O problema era que ele acreditava genuinamente que o tênis faria diferença e nós decidimos satisfazer seu capricho.

Se você alguma vez fez algo parecido, provavelmente identifica-se com as centenas de pais que se preocupam com o nível de influência de nossa cultura consumista. Quase dois terços disseram que seus filhos definem o próprio valor em termos daquilo que possuem; mais da metade relatou que comprava produtos que desaprovava para que eles não se sentissem abaixo dos amigos e quase um terço admitiu trabalhar horas extras para pagar por supérfluos. Esse é um problema que atinge todos os lugares, em todas as classes sociais.

Mas os pais jogam a culpa nos ombros da indústria da publicidade e do marketing: 87% afirmam que a propaganda torna as crianças materialistas demais, 70% acreditam que o marketing prejudica a auto-estima dos filhos e tem um efeito negativo sobre seus valores e sua visão do mundo. De fato, há razões para se preocupar. As empresas descobriram que as crianças começam a pedir artigos de marcas famosas aos 5 anos, sendo que os precoces começam mais cedo, aos 3 anos. Mesmo ainda sem saber ler ou contar, elas reconhecem uma logomarca.

Hoje mais do que nunca elas se tornaram um alvo atraente para o mercado publicitário. Em 2001, estima-se que os adolescentes americanos gastaram US$ 172 bilhões, dos quais US$ 31,3 bilhões se concentram na faixa de 4 a 12 anos. Considerando sua influência sobre os gastos dos pais, esse valor sobe para cerca de US$ 300 bilhões.

O que as crianças acham de tudo isso? Já estamos mais que familiarizados com seu desejo por dinheiro e bens materiais – elas não têm vergonha de dizer o que desejam ter ou comprar. Mas será que existe algo mais que não estamos ouvindo? O que *mais* elas desejam? Talvez não estejamos dando o devido crédito aos nossos filhos, mas este livro oferece a chance de ouvir suas vozes e, durante o processo, resgatar nossos desejos mais intensos. Ao destacar as dores e ansiedades infanto-juvenis, *O que as crianças realmente querem que o dinheiro não compra* sugere como desacelerar o passo e redescobrir os prazeres simples da vida.

Na primeira parte do livro, fiz um painel sobre o que as próprias crianças dizem que realmente querem na vida, além de idéias, orientações e recursos bem-intencionados para satisfazer os seus verdadeiros desejos e necessidades. Há ainda conselhos práticos que ajudam a lidar com as armadilhas do sucesso (corpos perfeitos, roupas da moda, desempenho, jogos e resultados escolares), assim como a transcender as pressões para poder progredir. Na segunda parte, faço uma análise das influências comerciais sobre as crianças e as estratégias de proteção contra as campanhas publicitárias. Apresento ainda sugestões para que reencontrem a alegria e a satisfação. O livro termina com um convite para que você se faça a mesma pergunta: O que VOCÊ quer que o dinheiro não compra?

Não tenho a pretensão de oferecer todas as respostas, mas espero que este livro ajude cada um a reencontrar o seu caminho neste nosso mundo cada vez mais consumista. Veja o que Mary, 9 anos, revelou por meio desta bela poesia:

O que eu desejo e o dinheiro não compra?
A chuva, o orvalho, um dia para celebrar.
O orgulho que vem de um trabalho bem-feito,
Meu nome na parede ou uma medalha no peito.
Minha mãe lendo histórias tristes ou engraçadas,
E, nos sonhos, a visita de duendes e fadas.
A escola não abriu – muita neve, neblina,
Correr pela areia, pular na piscina.
Pirilampos iluminando noites escuras,
O sol brilhando, uma pipa nas alturas.
Brigar com os irmãos, papai perder a paciência,
Ajudar minha irmãzinha – que boa experiência!
Mas o que eu mais quero neste mundo,
Não é o dinheiro que pode comprar,
É o riso, a alegria, o amor profundo –
um pôr-do-sol cuja beleza me faz suspirar.

A mensagem é clara: Mary (em nome de todas as crianças) quer dar e receber amor. O impacto de uma agenda ocupada demais, com atividades e obrigações em excesso, sem tempo para curtir a vida, é, em geral, crianças com sintomas de depressão, escapismo e incerteza sobre o próprio valor. É fato que nenhuma delas está imune ao consumismo. A nós cabe evitar que se tornem excessivamente materialistas.

Capítulo 2
Você

"Eu queria que meu pai não fosse trabalhar.
Queria que papai brincasse comigo."
Harrison, 5 anos

Um dos temas mais fortes que permearam todas as respostas do concurso foi a vontade dos filhos de ficarem mais tempo ao lado dos pais. Felizmente, esse desejo é recíproco. A grande maioria de pais e mães tem se esforçado ao máximo para colocar seus filhos como prioridade total.

Só com a presença deles

"A maior parte dos meus amigos não tem certeza de que seus pais os amam, acho que é porque eles estão sempre trabalhando. Eu sei que sou amada, porque meus pais estão perto. Só a presença deles já me faz sentir amada. Eles compram muitas coisas para mim, mas o que mais me diz que eles me amam é quando prestam atenção ao que eu falo. Ter coisas é ótimo, mas o que eu realmente quero é sairmos juntos para caminhar e conversar, talvez andar de bicicleta. Eu saio muito com minha mãe, mas meu pai trabalha e dorme muito. Eu sei que a gente precisa de dinheiro, mas queria que ele pudesse fazer mais coisas comigo. O que eu realmente quero é que todos os pais passem mais tempo com seus filhos. Nosso país seria muito mais feliz."

Erika, 14 anos

Não é fácil lidar ao mesmo tempo com as exigências do trabalho, da casa, da comunidade, da família e muito mais. É comum nos sentirmos incapazes de dedicar tempo suficiente aos nossos filhos e expressar com clareza o nosso amor e devoção, especialmente se estivermos cheios de problemas para resolver. Mas nem sempre foi assim.

Segundo a Organização Internacional do Trabalho, uma agência das Nações Unidas, essa tendência se tornou mais forte nas últimas três décadas. Nos Estados Unidos, por exemplo, trabalha-se uma semana a mais do que há 10 anos. Os números do período 1973-1994 são ainda mais impressionantes: nessa fase, a carga horária do trabalhador médio americano cresceu 142 horas (três semanas e meia) por ano.

Os pais estão trabalhando mais por várias razões: pressões financeiras relacionadas à saúde, à educação e ao sustento da casa, além de exigências profissionais e expectativas materiais crescentes que requerem uma renda cada vez maior. Ao revelarem que seu maior desejo é ter mais tempo ao lado de seus pais, as crianças forçaram uma conscientização maior por parte de pais e mães, que começaram a fazer heróicos esforços para encontrar um equilíbrio entre a necessidade de estar com os filhos e as exigências do trabalho.

De fato, muitos pais estão desacelerando, diminuindo as semanas trabalhadas e explorando as possibilidades de trabalhar dentro de casa. Eu preferi ter um corte no salário para poder trabalhar quatro dias por semana, e a troca foi, sem dúvida, positiva para minha família. Alguns tentam compensar o tempo perdido através de dinheiro ou presentes, mas as crianças percebem esse tipo de compensação. Rachel, 8 anos, foi taxativa: "*O que eu quero que o dinheiro não compra é um pai de verdade, que se preocupe comigo...* um pai que se importe com os filhos, que queira estar com eles. Alguém que goste de estar perto de mim e não tente comprar o meu amor."

O psicólogo e escritor David Walsh, fundador do Instituto Nacional de Mídia e da Família, recomenda duplicar o tempo disponível para as crianças e cortar metade dos gastos com elas. Nem todo pai tem a opção de reduzir sua jornada semanal de trabalho. Se você estiver nessa categoria, não precisa se desesperar. As crianças ficam tranqüilas desde que fique claro que você *deseja* estar com elas.

Kátia, 13 anos, explicou seus sentimentos a respeito disso: "Você quer que seus pais passem mais tempo ao seu lado mesmo quando finge que não se importa. Você precisa saber que eles desejam estar ao seu lado, mesmo quando não podem. Adoro quando meus pais me dizem que desejam estar perto de mim, que me telefonem, que verifiquem se está tudo bem comigo, porque assim eu sei que eles estão realmente pensando em mim mesmo quando não estão em casa."

Se você precisa trabalhar nos finais de semana ou ao longo da madrugada, comunique o fato e compartilhe o seu amor com seus filhos – eles entenderão que você está trabalhando pelo bem-estar deles.

Quando um vale por dois

Seus filhos entenderão melhor suas ausências se sentirem que fazem parte de sua prioridade na vida. Jennifer, 13 anos, é um exemplo disso: "Minha mãe é divorciada há nove anos, trabalha em dois empregos e tem feito todo o possível para ser uma boa mãe para meu irmão e para mim. Ela até já trabalhou nos fins de semana só para conseguir folgar nas sextas-feiras para poder me ver tocar com a minha banda e assistir a alguns jogos de futebol de meu irmão. Minha mãe é uma mulher muito inteligente e de muita força de vontade... Não importa o que eu e meu irmão façamos de errado, ela sempre nos diz que nos ama do fundo do coração. *Se eu tivesse de pensar em algo que eu gostaria de ter e o dinheiro não compra, queria que minha mãe soubesse que eu a amo por tudo o que ela fez e fará por mim.*

Queria que ela soubesse que não importa que ela não tenha estado ao meu lado tanto quanto eu gostaria, pois ela estava fora de casa fazendo tudo por mim."

Espero que as palavras da menina falem ao coração de pais ausentes e os inspirem a criar laços com seus filhos. A sensação de abandono tem grande impacto emocional. Veja o que Cassandra, 9 anos, escreveu a respeito: "Meu pai saiu de casa quando eu tinha 2 anos e eu nunca mais fui a mesma. Embora minha mãe seja maravilhosa e tente fazer tudo o que pode por mim, ainda sinto falta de ouvi-lo chamar meu nome e me carregar nas costas. Eu acho que ele não sabe quanto preciso dele em minha vida e o que ele significa para mim. *O que eu realmente quero que o dinheiro não compra é que meu pai volte para casa, ou venha me visitar, ou pelo menos escreva para mim.* Sei que algumas crianças estão escrevendo que queriam a paz no mundo e outras coisas assim e o meu pedido pode parecer egoísta, mas a verdade é que eu sinto muita falta do meu pai."

Existem ainda os casos de pais que faleceram. Nesse caso, nada nem ninguém pode substituir os seres amados que se foram, mas as vozes desses órfãos são um alerta importante – de que devemos usufruir nossas famílias e tornar cada dia inesquecível. Não espere até amanhã: diga-lhes como você se sente a respeito deles, abrace-os, demonstre o quanto você os ama. São essas experiências e lembranças que vão amparar nossos filhos pela vida afora.

Essa é exatamente a sensação de Natasha, 16 anos, em relação à mãe que morreu de câncer: "Algumas vezes, à noite, rezo para que uma fada-madrinha apareça e eu possa pedir pelo menos mais um dia com minha mãe. Eu lhe diria o quanto ela significa para mim e o quanto eu a amo e agradeceria por estar sempre ao meu lado e por tudo o que fez por mim. Ver minha mãe outra vez e dizer a ela as coisas que sempre quis e nunca pude é algo que o dinheiro não compra, mas o que eu mais gostaria de ter."

Às vezes, as lembranças dos bons tempos alimentam as crianças de maneiras que não compreendemos inteiramente. Cristina, 11 anos, escreveu sobre o avô: "Sinto muita falta do vovô. Passei muitos momentos divertidos com ele quando morávamos no México. Lembro-me que costumávamos tomar café da manhã juntos; colocávamos muito sal na comida e minha tia ficava zangada porque muito sal não faz bem à saúde. Eu não gostava de ovos, mas quando eram preparados pelo vovô eu gostava. Eu o ajudava a regar as árvores e as flores, e colhíamos laranjas e maçãs. Quando eu tinha 7 anos, ele quebrou a perna... Estava com 87 anos. Quase todos os fins de semana nós íamos visitá-lo e ríamos muito. Algumas vezes, nós o trazíamos para ficar em nossa casa..."

Também são muito comoventes as palavras de Sarah, 10 anos: "Queria que meu irmão ainda estivesse vivo. Seria muito mais divertido... Ele iria nadar comigo, me ensinaria a construir um forte lá na mata para nos escondermos quando nossos pais estivessem zangados conosco. Quando quiséssemos ir ao cinema ou a qualquer outro lugar, em vez de ficar pedindo mil vezes sozinha, nós dois insistiríamos juntos e mamãe acabaria deixando mais depressa. Nas férias, brigaríamos para ver quem ficaria mais perto da televisão. E poderíamos jogar jogos para *duas* pessoas. Meu irmão morreu num acidente de automóvel quando tinha 4 anos. Hoje, sou uma filha única que queria ter de volta o seu irmão."

Mudando as prioridades

Lutar contra o excesso de compromissos e aproveitar mais a companhia dos filhos é um desejo de todos, mas como conseguir isso? O segredo é analisar o seu estilo de vida, definir suas prioridades básicas e assumir o compromisso de descobrir novas oportunidades de usufruir seu tempo com eles.

Em vez de optar por ter automóveis maiores, eletrodomésticos mais modernos e casas mais confortáveis, que o deixarão amarrado a prestações e jornadas extras de trabalho, desfrute os prazeres simples da vida com seus filhos. Pergunte a si mesmo sobre essas escolhas, examine suas opções e mude seu estilo de vida. Que tal trabalhar menos um dia na semana ou negociar um horário diferenciado de maneira que possa estar em casa quando as crianças voltarem da escola?

Não esqueça de considerar também os horários e as prioridades de seus filhos para não correr o risco de arranjar tempo e eles não. Afinal foi você mesmo que os estimulou a assumir atividades extracurriculares – a pressão para que se preparem para o futuro em vez de aproveitarem a vida no presente é conseqüência dos mesmos medos que impelem você a trabalhar tanto. Repensar essa postura pode ser a porta de entrada para uma felicidade maior e mais duradoura.

Comprometam-se a passar mais tempo juntos

O que pode ser mais valioso do que reservar um tempo para a família? Esses momentos não precisam necessariamente ser longos ou desfrutados de alguma maneira especial. Proximidade sincera é o que as crianças mais desejam. Para Lizzie, 14 anos, "só de estar no mesmo cômodo, lendo ou descansando, já é gostoso". Camile, 15 anos, confirma essa idéia: "Quando eu era pequena, minha mãe tinha três empregos para nos manter... costumávamos fingir que estávamos fazendo um piquenique na sala de nossa casa. Mamãe colocava comida numa cesta e eu e minha irmã nos sentávamos ao redor dela. A gente comia e ria das coisas mais tolas. A felicidade não pode ser comprada."

Seth, de 11 anos, também não abre mão da "conversa no carro": "O dinheiro nunca poderá comprar as conversas que papai e eu temos quando vamos para a aula de hóquei. Nós falamos sobre tudo que se possa imaginar, mas o mais importante é que falamos sobre a vida... o que vai acontecer, o que não fazer e o que fazer. Adoro esse tempo com ele e ninguém ou nada neste mundo pode substituir esses momentos."

Aqui estão algumas idéias sobre como arranjar um tempo extra para estar com seus filhos:

Crie rotinas voltadas para seus filhos

Tente dedicar pelo menos uma pequena parte do dia aos seus filhos. Pode ser uma caminhada matinal até o ponto do ônibus, ou estar presente na hora do jantar (com a televisão e o telefone desligados), ou reservar 10 minutos para conversarem na hora de ir para a cama, ou mesmo enquanto lavam juntos a louça do jantar. São esses momentos relaxantes que permitem que as crianças se abram e contem o que está acontecendo em suas vidas.

Férias de verdade, sem webmail e telefone celular

Não deixe de tirar férias todos os anos, mas férias de verdade, bem longe do telefone celular e do webmail. Você não precisa visitar 10 capitais da Europa em duas semanas nem ficar deitado numa praia do Caribe para passar maravilhosas férias em família. Visite parques e reservas florestais, vá a concertos ao ar livre, fique acordado até tarde comendo pipoca e assistindo a bons filmes em casa. A ordem é divertir-se com seus filhos e parar de se preocupar: saboreie esses inestimáveis momentos de proximidade e relaxamento. Não faça como 83% dos americanos, que mantêm contato com o escritório, como revela a pesquisa da consultoria Andersen Consulting.

Tire uma folga

Dê-se ao luxo de tirar pelo menos dois dias de folga por ano para se divertir com a família. Faça algo imprevisível: proponha um passeio de bicicleta, de barco ou pedalinho, ou mesmo uma ida ao teatro, enfim, algum passatempo que siga as paixões de seus filhos. Se as crianças alegarem que tudo o que desejam é assistir a um vídeo, insista em organizar um dia diferente. A resistência inicial é facilmente vencida pelo prazer da aventura. Vocês certamente voltarão para casa dando boas gargalhadas.

Tempo livre, sem compromissos

Algumas vezes a vida parece um longo e inesgotável evento em que cada situação foi minuciosamente planejada. Em meio a deveres de casa, escola e atividades extracurriculares, é fundamental separar algum tempo para se divertir em família – dançar, jogar cartas ou xadrez, fazer palavras cruzadas, cozinhar, cantar ou jogar bola na rua –, compartilhar experiências e criar lembranças simples, mas felizes e inesquecíveis.

Um sistema mais amigo das crianças

Não existe sociedade perfeita. Sem dúvida, o modelo europeu traz mais benefícios, especialmente no que diz respeito a menos dias de trabalho e férias mais longas. Mas já encontra eco nas empresas americanas a reivindicação de uma semana de quatro dias úteis e horários mais flexíveis – a saída perfeita para que as pessoas se sintam seguras do ponto de vista material e profissional, sem ter de sacrificar tanto sua disponibilidade para a família.

Os Estados Unidos são a única nação, entre as 18 mais industrializadas, que não oferece aos seus cidadãos cobertura total de saúde, salário-família ou licenças remuneradas para os pais. Políticas sociais voltadas para a família, como planos de saúde, creches públicas e financiamento habitacional mais acessível, junto com isenção de impostos para poupanças destinadas aos estudos e planos de aposentadoria, ajudariam a aliviar a pressão que muitos pais sentem para conseguir satisfazer essas necessidades básicas. As coisas, com certeza, seriam diferentes se o governo decidisse realmente fazer da família sua prioridade.

Cuide bem de si mesmo

Reserve um tempo para recarregar suas baterias, exercitar-se, fazer uma sessão de massagem, viver momentos de serenidade com sua mulher num fim de semana a dois. Você precisa cuidar bem de si mesmo. Se estiver exausto por trabalhar demais, não conseguirá estar presente na vida de seus filhos. Levando uma vida equilibrada, você será o modelo de vida saudável de que eles precisam.

Como pais, desejamos muitas coisas para nossos filhos e exigimos muito de nós mesmos. No final, o que é mais importante para eles? Acho que minha mãe sabia a resposta. Embora tenha morrido de leucemia há quase 12 anos, ainda posso sentir seu abraço, e sua lembrança me traz segurança nos momentos difíceis. Ela me ensinou a ser uma mulher de bem e serei sempre grata por isso. Lembro-me de cantar com ela, assar tortas de amora, conversar, jogar, ler, plantar amores-perfeitos, organizar festas e, mais tarde, dividir esperanças para o futuro, debater sobre política e conversar sobre casamento. Sinto uma falta imensa de minha mãe, mas sei que o profundo amor que ela me dedicava estará sempre comigo. Acho que é isso também o que os filhos mais precisam.

Capítulo 3

Família

"O que eu desejo e o dinheiro não compra é que meus avós, meu pai e meus primos morem mais perto de mim. Se isso fosse verdade, poderíamos ter jantares em família... ou poderíamos fazer uma peça de teatro para os adultos assistirem, ou minha prima e eu poderíamos tocar violão para todos ouvirem. Bem, acho que o que estou tentando dizer é que nós poderíamos nos divertir muito juntos."

Beth, 8 anos

Mesmo em uma sociedade individualista e competitiva como a nossa, as crianças não só precisam de laços de família como os desejam. Algumas vezes, basta o aconchego do abraço de um tio, o apoio de uma avó ou a amizade de um primo – o amor e o acolhimento familiares são um antídoto muito bem-vindo contra as pressões que elas sentem para elevar a auto-estima através de bens materiais ou para impressionar os outros.

As crianças anseiam por uma rede de proteção que una os parentes mais distantes e isso nem sempre é fácil de conseguir nos Estados Unidos, pois o americano médio muda-se cerca de 12 vezes em sua vida. Embora o tempo e a distância acabem levando ao afastamento, segundo uma pesquisa do Instituto Gallup, 48% dos americanos afirmam que a família é "extremamente importante" na vida diária, enquanto outros 48% a classificam de "muito importante".

Apesar de seus altos e baixos, os laços de família são incondicionais. Avós, tios e primos geram um sentimento de permanência, uma sensação de história, além de apoio em momentos difíceis e companhia nos bons momentos – não é preciso nem que as pessoas tenham afinidades e se apreciem mutuamente para que se amem.

Num mundo de mudanças rápidas e amizades muitas vezes transitórias, as relações de parentesco são cada vez mais preciosas. É provável que as crianças sejam as que mais se ressintam desse distanciamento. As redações e os desenhos que recebemos durante o concurso abordaram esse tema constantemente – a saudade dos parentes que moram longe, mas que estão guardados em seus corações –, embora o amor dos pais seja incontestavelmente o prêmio maior quando se trata do que as crianças desejam e o dinheiro não compra.

Eu me lembro mais dos momentos que passamos juntos

"Quando minha bisavó mudou-se para a nossa casa, eu tinha sete anos. Ela me ensinou muito do que sei... uniu a família e acrescentou algo à nossa vida. Ela era muito amorosa, mas bastante rígida. Não tolerava brigas e discussões e apostava na força de uma boa conversa. Era difícil descobrir alguma coisa nela de que não gostasse. O que eu mais lembro são os momentos que passamos juntas, só ela e eu. Lembro-me de jogarmos cartas nos dias de verão, de assistir TV no quarto dela, de pintar as unhas dela... lembro-me de sua voz, do jeito que me olhava como se eu fosse um anjo, das roupas que ela usava, de seu cheiro, de como ela costumava me abraçar de manhã e encher meu coração de amor... lembro-me, acima de tudo, de como ela me amava. Minha bisavó foi uma pessoa de grande influência em minha vida e sinto muita saudade dela."

Sally, 12 anos

Um amor menos complicado

O amor é quase sempre menos complicado entre os familiares que moram longe do que entre os que vivem juntos. Sem as responsabilidades do dia-a-dia ligadas à educação das crianças, avós, tias e tios podem estar livres para terem um relacionamento prazeroso, sem cobranças, com netos, sobrinhas ou sobrinhos. Adolescentes, principalmente, acham mais fácil lidar com os familiares mais velhos do que com os próprios pais.

Primos

Os primos ocupam um lugar especial no coração da maioria das crianças. Eles têm as mesmas vantagens dos irmãos, mais o fato de não dividirem a atenção dos pais. Além disso, primos simbolizam a garantia de relacionamentos eternos. Como, em geral, as idades são muito diferentes, você acaba tendo a oportunidade de compartilhar interesses e também de aprender a apreciar coisas que talvez nunca viesse a conhecer. Não é nenhuma surpresa que tantas crianças tenham escrito sobre a falta que sentem de primos que estão distantes.

Quero estar com toda a minha família

"Nasci na Rússia e hoje moro em Nova Jersey com minha mãe. O que eu realmente desejo e o dinheiro não compra?... Quero estar com toda a minha família: minha avó, meu avô, tia Aliona e tia Sveta, meus priminhos Eugênio e Vera."

Anastácia, 10 anos

"Quero que meu país [Kosovo] seja independente e que não haja mais guerras. Um dia, se a luta acabar, talvez eu possa voltar para casa outra vez. Então, verei meus amigos, avós, primos e muitos outros. Tenho muitas saudades deles."

Armand, 11 anos

Irmãs e irmãos

Outro ponto muito abordado é a relação entre irmãos. Ou desejam um, ou mais um, ou um irmão melhor! Não importa quão diferente ele seja, ninguém compreende melhor e mais profundamente você e suas origens. Afinal, quem mais compartilhou suas experiências da infância? O irmão representa sua primeira parceria.

Veja o depoimento de Lindsay, 13 anos: "Queria muito que meu irmão não tivesse que ir embora para estudar na faculdade. O que vai ser do relacionamento de toda uma vida? Irmãos são as únicas pessoas que dividem com você o seu passado e o seu futuro. Eles não podem ser substituídos, de jeito nenhum. Espero que eu e meu irmão sejamos amigos para sempre." Há quem, como Harry, 16 anos, enxergue irmãos como almas gêmeas: "Quando meu irmão nasceu, eu não tinha idéia do maravilhoso presente que estava segurando em meus braços. Meu irmão é especial, ele me inspira a dar o melhor de mim em tudo o que faço."

Por outro lado, nem sempre é fácil *ser* irmão ou irmã, como explicou Shannon, 9 anos: "O que eu realmente desejo e o dinheiro não compra é uma irmã. Tenho dois irmãos mais velhos insuportáveis, por isso preciso de uma irmã... Sou a mais nova e a única mulher. Queria uma irmã mais nova que pudesse ser como eu, que seguisse os meus passos... Eu me sinto excluída quando meus irmãos estão se divertindo."

"Meu irmão é muito especial na minha vida. Há muito tempo prometemos um ao outro que nos tornaríamos ALGUÉM! Naquela época, estávamos morando num abrigo e comendo nos locais onde distribuíam a sopa dos pobres. Hoje, moramos numa casa que logo será nossa e estamos nos encaminhando para a conquista de nossos objetivos. Amil é o melhor aluno de sua turma e eu, bem, não sou exatamente o melhor aluno, mas estou entre os 10% melhores de minha turma. Amil e eu praticamos todos os dias e pretendemos disputar algumas maratonas juntos. Nós inspiramos e motivamos um ao outro e, embora tenhamos algumas discussões, somos os melhores amigos que poderiam existir."

Fazendo da família mais distante uma prioridade

É difícil manter relacionamentos com pessoas que raramente se encontram. Telefonemas, cartas, e-mails podem ajudar a preencher o vazio e a manter contato, mas não meça sacrifícios para organizar encontros sempre que possível. Piqueniques, jogos esportivos ou reuniões num parque podem ser excelentes experiências familiares. Coordenar os horários e dias livres de todos é, em geral, o maior desafio.

Jason, 13 anos, já tem consciência do que esses momentos significam: "*Os bons momentos com a família são aquilo que o dinheiro não compra e que eu gostaria de ter sempre em minha vida.* Seja em um parque de diversões, em festas de aniversários ou qualquer outra coisa, sempre nos divertimos muito. Eu me lembro de todas as coisas divertidas que fiz com minha família e essas lembranças vão me acompanhar pelo resto da vida."

Cada família tem suas particularidades e, é claro, várias delas mantêm antigas rivalidades, conflitos de personalidade e tantos outros. Na verdade, *todas* as famílias têm problemas. Se forem irreconciliáveis, ou se as feridas forem profundas demais, tente evitar que um ou dois relacionamentos tensos rasguem a rede inteira. Família é sempre família, mesmo quando existem incompatibilidades entre algumas pessoas.

Veja algumas idéias simples para ajudá-lo a reforçar os laços com avôs, avós, primos, tias e tios:

- Organize uma reunião junto com um outro parente.
- Convide todos os primos jovens para um acampamento "em família".
- Pergunte se um dos "lados da família" gostaria de passar as férias junto com vocês.
- Convide os primos para ir à sua casa e combine de eles dormirem lá, depois proponha um revezamento, de maneira que todos os pais tenham um fim de semana romântico de vez em quando.
- Inspire-se na estratégia usada por Diana, do Arizona, para conseguir reunir a família com mais freqüência: "Neste ano, em vez de comprar para nossa avó e tios mais um presente que não irão usar, nós decidimos usar o dinheiro para visitá-los mais. Estivemos juntos em julho e em outubro e vamos nos ver novamente em uma outra ocasião. Quando nos reunimos, preparamos refeições despojadas, caminhamos, jogamos ou apenas conversamos. E são essas as lembranças que gostaria que minhas filhas tivessem: divertimento, momentos de camaradagem, gargalhadas e proximidade."

Se seus filhos se mostrarem animados quando os eventos estiverem se aproximando, você saberá que está no caminho certo. Relacionamentos com parentes mais distantes dão uma gostosa sensação de segurança em meio a um mundo tão imprevisível e cheio de turbulências. O importante é que sejam momentos alegres e festivos; afinal, são lembranças para a vida inteira.

Divertimento em família

Existem tantas maneiras de costurar laços de parentesco quanto existem famílias neste mundo. O segredo é separar um tempo para estar juntos e permanecer em contato. Mas há outras maneiras de alicerçar e manter esses relacionamentos especiais.

Faça uma árvore genealógica

Quanto você realmente conhece sobre a história de sua família? Quem foram os seus ancestrais? O que faziam? Que tipo de pessoa eles eram? Comece a desbravar os caminhos de sua memória através de avós, tios-avós e outros membros mais velhos da família. Pesquise nos registros históricos da cidade, em documentos, álbuns de fotografia e diários.

Tábata, 12 anos, escreveu com nostalgia sobre álbuns de fotografias de família que se perderam numa enchente:

"Eu queria poder me lembrar de tudo da época em que eu era criança (sei que isso nunca vai acontecer). Uma coisa que ajuda a gente a lembrar são fotografias, mas fiquei sem elas alguns anos atrás. Nós morávamos num apartamento que foi inundado e todos os álbuns de fotografias foram destruídos pela água, inclusive os negativos. A única foto que tenho de quando eu era bebê é a que está pendurada na parede da casa de minha avó. Nenhum dinheiro do mundo pode trazer de volta aquelas maravilhosas lembranças."

A internet é uma ferramenta de valor inestimável. Com ela, tem-se acesso às bibliotecas e aos sites especializados, como www.genealogias.org. Quando você e seus filhos tiverem reunido as pesquisas, desenhe uma árvore genealógica com anotações sobre vários ancestrais, ou simplesmente conversem sobre o que descobriram a respeito dos familiares.

Registre a história familiar

Crianças de todas as idades podem se divertir explorando como era a vida há apenas 50 anos. Estimule-as a registrar as entrevistas dos membros mais velhos da família sobre os seus ancestrais. Não permita que as histórias interessantes se percam. Minha mãe e eu viajamos juntas uma vez para gravar o depoimento de uma tia dela que estava completando 95 anos. Aprendi muito sobre a vida na época da grande depressão de 1929, da Segunda Guerra Mundial, dos movimentos pelos direitos civis, a primeira geração de imigrantes, além de curiosidades sobre como eles passavam o tempo livre quando a televisão ainda não havia sido inventada. Explore histórias sobre casamentos pouco promissores, nascimentos inesperados, ancestrais excêntricos, etc. Uma fita ou vídeo com esses registros pode se transformar até num presente original.

Conte sua própria história

As crianças adquirem um senso mais apurado de seu próprio lugar no mundo quando conhecem as tradições familiares. Podem ser relatos sobre personagens que estejam na base da árvore genealógica ou detalhes da vida cotidiana atual, momentos de dificuldades ou conquistas. Todo mundo tem algo para contar, inclusive sobre si mesmo, o que pode surpreender, pois acabam surgindo versões diferentes de eventos que você presenciou. As crianças amam ouvir narrativas sobre elas mesmas, pois, de alguma forma, isso enfatiza o quanto o protagonista é especial para o narrador.

Utilize a memória familiar nos trabalhos escolares

Incorpore os familiares mais distantes ao dever de casa. Uma vez, meu filho precisava entrevistar um ex-fumante e escolheu o avô. Meu pai ficou feliz por ter a oportunidade de participar da vida do neto e oferecer o benefício de sua experiência. E meu filho pôde conhecer o avô um pouco mais. Incentive seus filhos a aproveitar os conhecimentos de entomologia de uma tia, quando tiverem de fazer um trabalho de ciências, ou a máquina de costura de uma prima, quando precisarem de uma fantasia para uma peça escolar.

Comemore as datas especiais

Cerimônias para celebrar, homenagear ou render tributos, como bodas de ouro, aniversários ou formaturas, costumam ser a ocasião ideal para que as famílias possam compartilhar antigas tradições e rituais que perpetuam o significado da vida. E ajudam as pessoas a receberem e expressarem amor – algo que as crianças desejam ter com mais fartura.

Laços que unem

Os laços de família têm estado em declínio ao longo do último século, levando à dispersão e ao isolamento dos membros familiares. É comum que percam o contato simplesmente por falta de tempo ou mesmo por causa de um relacionamento difícil, com mágoas que não permitem a reconciliação. Por uma razão ou por outra, as pessoas não mais se reúnem e isso enfraquece o conhecimento sobre sua própria origem. Em casos extremos, a rede familiar se fragmenta e os relacionamentos desaparecem. Ainda bem que as crianças desejam ouvir as histórias da família e desenvolver relacionamentos reais e duradouros.

Veja o emocionante relato de Lena, 12 anos, sobre o poder das experiências compartilhadas com familiares próximos e distantes:

"Se eu pudesse escolher uma coisa que o dinheiro não compra, escolheria morar na Rússia com meu avô e minha avó, nos arredores de Moscou. Esse desejo pode parecer estranho, mas é muito fácil de entender. Em primeiro lugar, meus avós são pessoas muito interessantes. Vovô foi marinheiro e tem muitas histórias esperando para serem contadas, isso sem falar de todas as criaturas do mar que estão penduradas, secas, na parede do quarto dele. Eu lembro que ele tinha uma boca de tubarão (com todos os dentes) e um tubarão ainda bebê dentro de uma garrafa, além de conchas de todo tipo. Vovô prometeu a mim e a meu irmão que um dia nos levaria ao mar Negro e nós iríamos mergulhar para ver todos aqueles animais vivos. Além disso, vovô tem moedas de países dos quais nunca ouvi falar, e, como eu amo colecionar moedas, estou muito interessada em ver as que ele tem (e, um dia, espero que sejam minhas). Minha avó também é uma gracinha. Ela sabe fazer todo tipo de trabalho manual, de costura a dobraduras de papel, e, quando a gente está perto dela, o divertimento nunca acaba. Ela corre descalça na neve e tem muita saúde. Lembro de colher cogumelos e amoras nas florestas com ela, de cavar o solo com as mãos para achar batatas escondidas e de sentar no alto de montes de feno espalhados pelos campos... são momentos de pura felicidade. Em geral, vamos visitá-los uma vez por ano, mas nunca é a mesma coisa, embora eu fique feliz com qualquer coisa que possa ter, nem que seja um único minuto. As melhores coisas da vida são aquelas que não vêm através do dinheiro."

Capítulo 4

Tempo livre

"O que eu quero que o dinheiro não compra é a capacidade de parar o tempo... não quero crescer tão depressa, gostaria de ser sempre uma menina. O tempo passa tão rápido... Minha geração parece ter muita pressa de crescer. Nós quase não brincamos."

Peggy, 11 anos

"Eu gostaria de ter mais tempo para passar ao ar livre com a família e os animais de estimação, para explorar o mundo, para brincar lá fora, andar de skate, pular do trampolim, viajar e conhecer lugares. Para mim, o tempo passa depressa demais, e sempre fico com a sensação de que não consigo fazer tudo o que realmente quero."

Jenna, 14 anos

Os Estados Unidos são conhecidos pela fartura, mas há algo que adultos e crianças não têm sobrando: tempo livre. Pesquisas mostram que 45% dos americanos dizem ter uma vida mais corrida hoje do que tinham no passado; 60% desejam simplificar a vida, 66% estão em busca de mais equilíbrio e 45% ficariam felizes em trocar o pagamento de um dia de trabalho por um dia de folga.

As crianças sofrem do mesmo problema. Tirando o tempo dedicado à escola e às atividades extracurriculares, sobra muito pouco. Em média, crianças entre 3 e 12 anos passam 29 horas por semana na escola. Seu tempo livre – depois de dormir, comer, fazer a higiene pessoal e ir à escola ou à creche – caiu de

40% em 1981 para 25% em 1998, segundo a revista *Time*. Não por acaso, inúmeras cartas enviadas trazem reclamações de que suas vidas são agitadas, exaustivas, e desejos por mais tempo livre. As crianças querem mais tempo para ser crianças.

Veja o exemplo de Amanda, 15 anos, de Tampa, Flórida: "Eu vivo agitada e correndo de um lugar para o outro, além de ficar horas fazendo os deveres de casa. O que eu gostaria é de ter mais tempo para curtir os amigos e dividir com eles lições de coragem e talvez até pequenos desgostos. Não quero perder a oportunidade de fazer um novo amigo ou de ajudar uma amiga porque tenho inúmeros compromissos diários que não terão a menor importância em minha vida a longo prazo. Quero ler um livro, sentar à beira do cais e ficar admirando a água, conversar com alguém, fazer biscoitos para uma pessoa especial, simplesmente ter tempo para isso."

Ana, 14 anos, disse se sentir vivendo ligada no piloto automático: "O tempo é a coisa mais valiosa do universo e estou descobrindo que nunca tenho o suficiente. Refiro-me a tempo para ficar no alto de uma montanha e gritar para o mundo ouvir, tempo para observar as nuvens brancas sendo carregadas pelo vento ou para ficar deitada na grama e admirar as joaninhas subindo pelo caule das plantas. É isso que todos precisam para se manter sãos."

Existem inúmeras razões para essa escassez. A agenda de muitas crianças que mal começaram a andar é tão ocupada como a de um alto executivo, e isso faz com que elas se sintam pressionadas a alcançar posições acadêmicas, atléticas ou artísticas cada vez mais elevadas. Os divertimentos eletrônicos substituíram o "ficar à toa", ao passo que cada vez mais adolescentes trabalham enquanto ainda estão na escola. Como pais, nós devemos examinar os compromissos diários e diminuir a carga horária se quisermos ajudar nossos filhos a experimentar as maravilhas do tempo livre que eles tanto desejam.

Brincar x excesso de atividades

"Brincar é a maneira mais poderosa que a criança tem para explorar o mundo e aprender sobre si mesma", disse T. Berry Brazelton, professor de pediatria da Escola de Medicina de Harvard. Realmente. Pesquisas mostram que brincadeiras livres encorajam o pensamento independente e permitem que as crianças negociem seus relacionamentos com os companheiros. Infelizmente nossa sociedade não valoriza o ato de brincar. As estatísticas comprovam essa afirmação.

O pediatra Ralph Minear, autor de vários livros sobre o assunto, estudou crianças que apresentavam sinais de estresse físico e emocional e concluiu que muitos de seus problemas derivavam do fato de terem atividades – ou de serem exigidas – em excesso. Os efeitos disso são claros. Wayne, 9 anos, por exemplo, está sempre reclamando mais tempo para brincar. "Quando estou fazendo alguma coisa divertida, fico triste quando acaba. Se eu pudesse ter mais tempo, poderia fazer com que as coisas divertidas durassem tanto quanto eu quisesse."

"Eu queria que as pessoas parassem de correr tanto! É só isso o que elas fazem 24 horas por dia, sete dias por semana. Será que nunca descansam? É um tal de correr para o trabalho, correr para casa, correr, correr, correr! Parece que os únicos que não correm são os mais velhos. Isso não é nada bom. Então, respondendo à pergunta sobre o que eu desejo e o dinheiro não compra, pensei numa coisa bem simples: que as pessoas parem de correr tanto. (É o passatempo predileto hoje em dia!)"

Emma, 12 anos

É ótimo ter um leque fascinante de escolhas e oportunidades, e todos desejamos que as crianças sejam capazes de aproveitá-las, mas o custo está se tornando muito alto. "Crianças estressadas podem não conseguir expressar seus sentimentos, suas frustrações, mas os sinais são nítidos. Elas se tornam emocionalmente inconstantes, reclamam de dores e mal-estar, não conseguem dormir e perdem contato com os amigos", afirmou o psicólogo Jack Wetter à revista *Time*. "Grande parte dessas crianças provavelmente se tornará um adulto anti-social e rebelde."

Veja como Betânia, 14 anos, descreveu um dia típico nas suas férias de verão: "Hora de acordar. São seis e quinze da manhã quando minha mãe abre a porta do quarto e me lembra que eu tenho um treino de três horas começando em 45 minutos. Eu me visto, pego uma caixa de panquecas congeladas e entro na van. Depois de duas horas nadando na piscina e uma hora de corrida, vou para o clube do bairro, onde trabalho como salva-vidas das 10 da manhã às 4 da tarde. Depois de seis horas de trabalho, compro uma promoção do McDonald's e um sorvete e vou comendo a caminho do meu segundo treinamento diário de natação. Após completar mais duas horas nadando, já estou atrasada para a aula de direção, que começa às 6 da tarde.

Quando a aula termina, duas horas depois, vou para casa, onde os restos do jantar da família estão na mesa me esperando. Finalmente, depois de comer e tomar banho, deito, faço minha orações e caio no sono para, no dia seguinte, repetir a mesma rotina caótica. Meu treinador sempre pede 'dedicação', meus amigos dizem que é 'loucura', meus pais me exortam a 'continuar fazendo um bom trabalho' e eu só penso em descansar! E, assim, depois de um verão inteiro nessa rotina, seis dias por semana, o que eu desejo e o dinheiro não compra deve estar bastante óbvio. Quero ter tempo para tirar uma soneca, para jogar, para ficar em casa com a família, para sair! Preciso de tempo para ler um bom livro, brincar com minhas amigas, fazer um piquenique, assistir a um filme, ir ao shopping ou admirar um pôr-do-sol."

Imagine como tudo seria diferente se a vontade de Amanda, 14 anos, se tornasse realidade: "Uma das muitas razões pelas quais eu quero ter mais tempo livre é a chance de ficar mais tempo com minha família. É difícil estar com eles ultimamente por causa de nossos compromissos. Outro motivo pelo qual eu queria ter mais tempo é a chance de apreciar a vida, de fazer algum trabalho extra... eu poderia ajudar meu irmão a fazer os deveres de casa, por exemplo. Mais tempo livre a cada dia me permitiria ficar mais com meus amigos... O tempo é precioso; precisamos aproveitar ao máximo o tempo de que dispomos."

Uma das mães que entraram em contato com a ONG Centro para um Novo Sonho Americano em busca de conselhos relatou que estava preocupada com a pressão sobre as crianças para que desenvolvam um espírito competitivo em todas as facetas da vida. "Se você não colocar logo seu filho na escola, ele ficará atrás de todas as outras crianças, em termos esportivos ou acadêmicos, quando chegar aos 10 anos", explica.

Embora começar cedo possa ser uma boa estratégia para deixar nossos filhos na dianteira, isso torna suas vidas uma série interminável de compromissos. Preste atenção nas mensagens não-verbais das crianças e decida a hora de desacelerar, ou mesmo parar algumas atividades. Interromper as aulas de espanhol ou de patinação no gelo pode resultar em mais tempo para descansar, relaxar, estar com amigos, passar algum tempo com a família ou brincar ao ar livre.

Dia feliz

"Queria que existisse mais um dia na semana dedicado apenas a me divertir. Seria chamado de "Dia Feliz", porque só os lugares para divertimento estariam abertos, a escola estaria fechada, ou seja, todos ficariam felizes o dia inteiro. Esse dia seria entre sexta-feira e sábado, assim o fim de semana se tornaria mais longo. Esse dia seria especial também porque as pessoas que não são muito populares teriam tempo de fazer amigos para brincar no Dia Feliz."

Jeff, 13 anos

Sono

Lembre-se de que as crianças precisam dormir em média nove horas por dia para estarem completamente revigoradas e prontas para ir à escola. Como apenas 15% dos adolescentes dormem o necessário, muitos pais vivenciam a luta diária para arrancar os filhos da cama e mandá-los para a escola sem atrasos. Não por acaso, 71% dos adolescentes americanos sonham com as aulas começando uma ou duas horas mais tarde para que possam dormir um pouco mais.

Dever de casa

O dever de casa é outro fato importante para a falta de tempo livre das crianças. Nos anos 1930, a Associação Americana da Criança classificou os deveres de casa como trabalho infantil, e as cidades de Nova York e Chicago exigiram que eles fossem eliminados ou moderados. As coisas mudaram muito desde então, em parte devido a relatórios que sugerem que as crianças americanas não apresentam resultados tão bons quanto os de seus colegas de outros países, mas não foram para melhor: os alunos têm trazido para casa cada vez pilhas maiores de deveres de casa.

A questão é controversa. Por um lado, os pais lutam por obter um tempo de qualidade com os filhos; por outro, os educadores querem garantir que os alunos sejam aprovados. Segundo um estudo da Universidade de Michigan, a média diária de dedicação ao estudo de fato parece estar aumentando. Os estudantes passam oito horas a mais por semana na escola do que há 20 anos, e o tempo dedicado aos deveres de casa é quase o dobro.

John Buell e Etta Kralovec, autores do livro *The End of Homework* (O fim dos deveres de casa), argumentam que "tanto as pesquisas quanto a experiência histórica foram incapazes de demonstrar a necessidade ou a eficácia de horas cada vez mais longas de deveres de casa". As conseqüências negativas são conhecidas, entre elas a "síndrome da fadiga", que pode exauri-los antes de entrarem na faculdade. Como escreveu Megan, 12 anos: "Quando há esportes que a gente quer praticar, não é fácil jogar e fazer o dever de casa ao mesmo tempo... e é por isso que eu não queria ter tantos exercícios e nem tantas provas."

Denise Clark Pope, professora da Universidade de Stanford e especialista em currículos escolares de ensino médio, acompanhou durante um ano o cotidiano de cinco alunos motivados e bem-sucedidos e concluiu que eles se sentem presos numa "armadilha de resultados", que condiciona o sucesso a notas altas nas provas e cursos avançados de preparação para a faculdade. "Essas crianças ficam presas num sistema onde os resultados dependem mais de seguir os passos corretos do que de aprender e se envolver com o currículo." Um de seus alunos resumiu a questão da seguinte maneira: "As pessoas não vão à escola para aprender. Elas vão para conseguir boas notas, o que as leva à faculdade e depois a empregos bem remunerados, que, por sua vez, as levam à felicidade como elas acreditam."

A verdade é que quantidade de tempo dedicado aos estudos não é sinônimo de qualidade. Algumas vezes, menos é realmente mais. Por isso, analise suas escolhas, converse com os professores e, se necessário, com o diretor ou o coordenador, e decida se há alguma modificação a ser feita. Muitos pais estão pedindo que as escolas revejam suas políticas em relação ao volume de dever de casa.

O distrito escolar de Arlington, no norte da Virgínia, fez algumas modificações. "Percebi que estávamos mandando deveres que exigiam a ajuda de pessoas que tivessem faculdade", disse

Kathleen Grove, assistente da supervisão de ensino de Arlington. "Por isso, criamos normas para garantir que os deveres de casa pudessem ser feitos pelos alunos sozinhos e com um tempo de dedicação máximo de três horas por semana."

Todos os pais almejam uma boa educação para seus filhos, mas também querem tempo para transmitir aos seus descendentes sua herança cultural, para ajudá-los a desenvolver habilidades importantes para a vida, ou simplesmente para desfrutar de sua companhia. A noção de que mais é sempre melhor está sob forte discussão em comunidades por todo o país.

Trabalho adolescente

Empregos de meio expediente promovem independência, responsabilidade e bons hábitos de trabalho, mas também consomem grande parte do tempo livre dos jovens. Os pais devem ajudá-los a lidar com o conflito e fazer os ajustes necessários. Pesquisas recentes revelaram que 34% dos jovens americanos na faixa de 14 a 17 anos mantiveram algum vínculo empregatício durante parte do ano.

É interessante observar que, segundo dados publicados no livro *Teenagers: Employment and Money Management* (Adolescentes: trabalho e administração do dinheiro), de Peggy Patten, nos Estados Unidos tanto os adolescentes de famílias mais ricas quanto os mais pobres gastam o seu dinheiro em roupas, automóveis, alimentos, divertimento e, em alguns casos, drogas e bebidas alcoólicas – nunca em poupança para pagar a faculdade ou em contribuição para as despesas da família.

Padrões adultos de trabalho

Os hábitos de trabalho dos pais influenciam fortemente a percepção dos filhos sobre o assunto. Como muitos programas extracurriculares acontecem após o horário das aulas, é necessário que pelo menos um dos pais tenha flexibilidade no horário de trabalho e dinheiro extra para pagar por essas atividades.

Se o seu chefe não é compreensivo nem o orçamento familiar permite, o jeito é se aliar a um grupo de pais e fazer um revezamento para tomar conta de três ou quatro crianças ao mesmo tempo, após as aulas. Dessa forma, elas podem ficar sob a supervisão de um adulto, o que reverte em economia de dinheiro, como evitar a contratação de babás ou de atividades extracurriculares, e ainda permite que desfrutem da companhia dos amigos.

Com o objetivo de passar mais tempo em casa, há quem consiga diminuir as horas trabalhadas, optando por um salário menor, mas é claro que essa não é uma opção possível para muitas famílias. O importante é buscar soluções satisfatórias tanto para as crianças quanto para os adultos.

Passatempos digitais

Televisão, computadores e jogos eletrônicos absorvem uma enorme parcela do tempo de nossos filhos. Em vez de brincar de pique e de correr pela rua, eles estão se tornando mais isolados devido a equipamentos eletrônicos supostamente "interativos". Nos Estados Unidos, na faixa de 6 a 17 anos, 86% têm acesso a videocassetes, 70% a videogames (32% em seus próprios quartos), 50% a TV no quarto, 40% a aparelho de som portátil, segundo dados da Roper Starch Worldwide. Um outro estudo constatou que 32% dos adolescentes entre 11 e 20 anos passam pelo menos 15 horas por semana navegando na internet.

Interagir com uma máquina não substitui o contato humano, assim como mensagens instantâneas não oferecem as mesmas recompensas de uma conversa face a face, mas o fato é que as máquinas estão mudando a própria experiência da infância, suplantando atividades tradicionais como ler, brincar e explorar o mundo ao seu redor. Não é o tipo de experiência que as crianças pediram nas cartas enviadas para o concurso – aquele tempo livre, sem pressa, para que possam ser elas mesmas e estar com amigos.

Stuart Brown, psiquiatra do Institute for Play, organização não-governamental que valoriza as brincadeiras e jogos, adverte para o risco de que a falta de brincadeiras à moda antiga leve à depressão e à perda das "coisas que fazem de nós seres humanos". A solução não é abandonar completamente o mundo eletrônico, mas sim impor alguns limites. É claro que serão necessários um ou dois meses para quebrar a resistência das crianças. Você vai cansar de ouvir o argumento choroso de que "não tenho mais nada para fazer", mas resista. Aqui estão algumas sugestões para ajudá-lo a vencer essa batalha:

- Todos nós sabemos que nossos filhos aprendem por imitação, por isso precisamos exibir o comportamento que esperamos ver neles – ou seja, a melhor maneira de reduzir o tempo deles diante da TV é reduzir o seu próprio tempo. Quando perguntei a um grande amigo de meu marido, viúvo e pai de duas meninas, qual era sua política em relação às horas diante da TV, ele disse que não havia restrições. E quantas horas elas passavam diante da telinha? "Nenhuma", respondeu. "Porque eu não assisto nunca." Discuta com seu companheiro a abordagem que vocês desejam adotar e mantenham-se firmes.
- Defina os limites ideais para a sua família. Algumas liberam a TV somente nos fins de semana e, mesmo assim, durante algum tempo. Outras determinam um tempo à noite, depois que os deveres de casa estiverem prontos. Avalie o que funciona melhor no seu caso.
- Observe se você não estimula o uso da TV ou do compu-

tador como estratégia para que seus filhos lhe dêem um pouco de sossego. Se for o caso, talvez seja necessário você repensar a sua própria agenda e a mensagem que está passando para eles.

- Discuta as novas regras com seus filhos e explique as razões. O nível de resistência vai variar conforme a idade deles – use a tática do "amor com rigor" e se mantenha firme por pelo menos dois meses, apesar dos inevitáveis protestos. É o tempo mínimo necessário para que eles desenvolvam hábitos mais saudáveis.
- Ofereça alternativas positivas: brinque de pique-esconde, faça uma torta, estimule seus filhos a convidar um amigo, caminhem juntos, reúnam-se com outras famílias que também limitem a TV e fique alerta para as sugestões que surgirem em meio ao choramingo e ao tédio. Talvez você não aprecie muito a fascinação dos meninos por criar diferentes movimentos com o skate ou o desejo das meninas de desenhar ou montar os próprios acessórios de moda, mas, quando se desliga a TV, é preciso ligar a vida.
- Não coloque, em hipótese alguma, uma TV no quarto de seus filhos. Se já tiver colocado, tire-a de lá. Eles poderão até odiá-lo no início, mas, alguns anos depois, vão lhe agradecer.

Existe um tipo de informação que o escritor e crítico social Bill McKibben chama de "informação perdida" que só aparece quando a TV e o computador estão desligados e nós conseguimos prestar atenção ao mundo real. O ruído do mundo moderno dificulta a capacidade de audição, mas o sinal do mundo natural continua ali, sendo emitido ininterruptamente. É preciso apenas ajudar as crianças a ouvi-lo, ensinando-as a navegar pelas partes positivas das novas mídias e, ao mesmo tempo, a criar algum refúgio que as ponha a salvo das poderosas forças que incentivam os prazeres materiais.

Por que nossos filhos estão assoberbados?

Vale a pena fazer uma pausa e perguntar por que nossos filhos são incentivados a acelerar suas vidas em todas as áreas, da álgebra ao atletismo. O que está por trás da pressão por anos escolares mais longos, deveres de casa mais extensos, atividades extracurriculares e a busca incessante por aquele algo mais? Seria uma influência do governo e das grandes corporações para garantir a competitividade em nível internacional, ou o medo econômico gerado pela erosão contínua das redes de proteção da sociedade, ou ainda a mera busca por um alto padrão de vida? Sem dúvida, muitas crianças que andam sobrecarregadas de atividades estão desenvolvendo habilidades e talentos extraordinários, mas será que o ritmo de suas vidas é saudável? Por que a nossa sociedade aparentemente deseja colocar em risco o bem-estar físico e emocional dos jovens, na medida em que estrutura expectativas educacionais e sociais que valorizam a eterna insatisfação?

Os pais que quiserem reverter essa situação devem começar a levantar a discussão sobre as questões fundamentais. O presidente Nixon previu, na década de 1970, que todos nós teríamos semanas com quatro dias úteis e que a vida no século XXI seria definida pelo lazer. Em vez disso, a realidade é que o desejo incontrolável por produtividade levou ao aumento dos bens materiais e não do lazer. As conseqüências negativas estão repercutindo em todos nós e mudanças se fazem necessárias. Esgotados e ansiosos, adultos e crianças sonham com algum equilíbrio e tempo livre.

Grande parte do problema é estrutural e requer uma ação ampla, que atue num nível político e social, mas há atitudes que podemos tomar na nossa vida pessoal. Por que não discutir o assunto na próxima reunião de pais e mestres e desafiar as normas que ditam horas prolongadas na escola e grandes quantidades de deveres de casa? Por que não parar de exigir que seus filhos estejam sempre entre os melhores da turma? Desacelere o ritmo junto com seus filhos, saboreie mais tempo livre – crie e seja o exemplo de um novo estilo de viver.

Tempo livre é o pré-requisito para muitas coisas que as crianças afirmam querer e o dinheiro não compra: curtir a natureza, estar com os pais, desfrutar do relacionamento com parentes mais distantes e ajudar a fazer do mundo um lugar melhor. Experimente simplesmente dar uma parada e não fazer nada de vez em quando. Cindy, 15 anos, admite a frustração pela rapidez com que se vive: "Seria bom poder parar o tempo e congelar tudo por pelo menos um instante – aquele instante perfeito em que você esquece todos os problemas, em que o mundo é só seu e de seus amigos, em que tudo o que importa é o aqui e agora."

Capítulo 5
Amigos

"Eu quero um amigo que fique ao meu lado em qualquer situação, que me ajude com meus deveres de casa e que não deboche de mim – um amigo de verdade, que brinque comigo."
Brandon, 10 anos

Crianças de todas as idades precisam de amigos e desejam tê-los. Entretanto, formar e manter amizades é uma tarefa cada vez mais difícil nos dias de hoje. Escolas enormes, agendas repletas de compromissos e até preocupações básicas com segurança dificultam a formação de laços fortes, assim como diminuem a possibilidade de mantê-los. Não podemos nem devemos tentar orquestrar amizades em nome de nossos filhos, pois relações de companheirismo são essenciais exatamente para que eles desenvolvam independência e identidade pessoal fora da família. Como disse Elizabeth, 14 anos: "Amigos ajudam a fazer de você quem você é."

As crianças desejam ter alguém para conversar, brincar, sentar perto na hora de comer, sentir-se à vontade. Elas anseiam por quem as apóie quando as dificuldades surgirem, que as conheça e compreenda e que as considere especiais. Lealdade faz parte, pois estão em busca de ligações profundas, duradouras e sinceras. Querem amigos com quem, a despeito de tudo e de todos, possam contar, como é o caso de Jennifer, 14 anos: "Ter um amigo é compartilhar, conquistar a confiança do outro procurando conhecê-lo, o que só acontece quando se caminha pela vida em sua companhia. Um verdadeiro amigo gosta de você sem se importar com dinheiro ou popularidade, está sempre ao seu lado nos momentos de necessidade e nunca o decepciona."

Como a maioria das crianças mais novas, Mark, 10 anos, tem exigências ainda mais básicas: "Eu desejo um amigo porque não quero me sentir sozinho. Quero alguém com quem possa jogar futebol, beisebol e basquete, alguém com quem conversar..."

Existe uma enorme diferença entre amizade e popularidade. Baseada em intimidade, respeito e simpatia profunda, a amizade é um sentimento de afeição que, em geral, transcende o status social e as aparências. Já a popularidade pressupõe relacionamentos baseados nas diferenças sociais e faixas etárias, o que, em geral, torna tudo mais difícil de ser negociado – afinal, cada um precisa descobrir qual é a sua posição no grupo e experimentar o sentimento de fazer parte da turma.

Sofia tem uma visão sensata sobre a natureza da popularidade:

"Por que as pessoas mais populares têm todas as vantagens? Na escola, eu invejava as meninas que tinham roupas da moda e faziam parte do grupo mais popular (das 'patricinhas'), pois eram elas que tinham namorados e que sempre sabiam como deixar os meninos derretidos. Mas também gostava de observar o grupo das 'nerds', que eram exatamente o oposto em aparência e atitudes e estavam sempre sozinhas, sem amigas ao redor. Então eu olhava novamente para as 'patricinhas' conversando e se divertindo e percebia que as outras ficavam tristes. Um dia percebi que era a atitude das 'nerds' que fazia as 'patricinhas' se comportarem como se fossem melhores que as outras. Daquele dia em diante, não invejei mais quem parecia estar sempre no topo, pois aprendi que não são diferentes de ninguém... Mas, apesar disso, tenho certeza de que, pelo menos por um dia, todo mundo gostaria de fazer parte daquele grupo."

Muitos jovens e crianças escreveram sobre o sofrimento de não ser popular e de não conseguir encontrar um amigo em quem possam confiar. Esperança, 11 anos, está enfrentando uma situação difícil: "Não gosto quando as pessoas são grosseiras com quem é 'diferente' delas... Eu não sou tão magra quanto elas e nem uso roupas da loja que está mais na moda, tenho aparelho nos dentes e só me maquio de vez em quando. Se você não usa todas essas coisas, então é considerada 'diferente'."

Em seu livro *Best Friends, Worst Enemies* (Melhores amigos, piores inimigos), o psicólogo Michael Thompson mostra que os critérios para a escolha de colegas populares não mudou muito na história da humanidade. "Os garotos continuam a ser valorizados por traços e conquistas que demonstram o sucesso na caça e na luta contra os vizinhos da caverna ao lado, e as garotas por sua aparência e sociabilidade", explica. "Não se trata de coincidência o fato de os rapazes mais atléticos e fortes e as moças mais femininas serem maioria nos grupos mais populares de todas as escolas. Da mesma forma, os menos populares são aqueles que se desviam dos antigos 'ideais' do sexo ao qual pertencem."

Enfrentar essas batalhas darwinianas faz parte do aprendizado, mas os publicitários estão fazendo com que a passagem pela adolescência seja cada vez mais difícil. Os anúncios e até as reportagens das revistas para adolescentes reforçam a importância de estar de acordo com os estereótipos do macho e da fêmea ideais: "Conquiste quem você quiser com shorts sensacionais!", "Jeans, só de cintura baixa", "Inspire-se. Procure o seu estilista", "Mude sua aparência", "Exale um perfume especial", "Está estressado? Vá às compras!" O bombardeio é claro: compre objetos/roupas e torne-se popular. Daí a compulsão consumista que contribui para criar sofrimento e confusão em muitas crianças que buscam vestir-se de acordo com o grupo para conquistar amizades mais profundas e duradouras.

Eu sou aquilo que possuo

A busca por amizade é facilmente distorcida quando as crianças cometem o erro de acreditar que o dinheiro traz amigos e felicidade. Os adolescentes são especialmente vulneráveis a esse tipo de pensamento. Por estarem lutando para estabelecer suas próprias identidades, eles tendem a pensar que, se tiverem as roupas, a maquiagem, os CDs ou os brinquedos certos, conquistarão os amigos certos. É por isso que as campanhas publicitárias se concentram em relacionamentos românticos ou de amizade e nos atributos para se tornar uma pessoa "bacana" e admirada pelo grupo.

Submetidos diariamente a várias campanhas publicitárias que alegam ser possível comprar o caminho que leva à amizade e à popularidade, não é nenhuma surpresa que as crianças e os adolescentes passem a atormentar os pais para que comprem certas coisas. Sob o ponto de vista deles, toda a sua vida social está em jogo, mas, como nós, adultos, sabemos que relacionamentos de verdade não estão à venda, precisamos ajudá-los a descobrir um caminho mais autêntico para a realização pessoal.

Podemos começar mostrando a verdadeira natureza da amizade. O que é um amigo de verdade? Segundo o psicólogo Laurence Steinberg, autor do livro *You and Your Adolescent* (Você e o seu adolescente), "amigo é alguém que gosta de você e não o julga por suas roupas ou por sua popularidade, não tenta convencê-lo a fazer coisas que vão lhe trazer problemas e não some quando a situação se torna difícil".

Explore mais profundamente o tema amizade x popularidade e, se precisar, recorra a exemplos de sua própria infância. Ajude seus filhos a distinguir o que é ser um "amigo bacana" e um "amigo de verdade" e monitore sutilmente os relacionamentos deles, para ter certeza de que não há nada errado. Muitas vezes, os adolescentes, principalmente, assumem compromissos questionáveis só para não se sentirem excluídos de determinados grupos.

Se suspeitar do uso de drogas ou de outros comportamentos destrutivos, exerça sua autoridade. Peça que telefonem avisando sobre qualquer mudança de planos, estabeleça um horário para voltarem para casa e converse sobre as suas preocupações, sem fazer discursos. Lembre-se de que seu objetivo não é controlar, mas estabelecer uma relação de confiança com seus filhos e estimulá-los a falar: "Por que você acha que eu não quero vê-lo na companhia daquele amigo?" Em geral, os jovens tendem a resistir um pouco a esse tipo de abordagem, mas vale a pena insistir.

Melhores amigos

Os psicólogos infantis dizem que nada é mais importante para um jovem do que ter um ou dois bons amigos para ajudálo a atravessar a tempestade da adolescência. Dessa forma, diminui sua vulnerabilidade em relação à influência do grupo. Os pais têm um papel fundamental a desempenhar nesse caso, que é guiar os filhos pelo campo minado das amizades volúveis que se formam no início da adolescência. Converse com eles sobre amizade, confiança, reciprocidade, comunicação e outros ingredientes básicos dos bons relacionamentos e ajude-os a identificar os amigos com mais interesses em comum. Lembre seu filho de que o melhor caminho para encontrar um amigo é ser um bom amigo.

Nikki, 14 anos, se considera uma garota de sorte por ter encontrado uma amiga: "*O que eu realmente desejava e o dinheiro não podia comprar era alguém para ser minha melhor amiga*. Eu consegui, encontrei minha melhor amiga. Sei tudo sobre ela, desde o dia em que nasceu até o lugar onde ela quer se casar. Meu dia fica muito mais feliz quando me lembro que ela estará sempre ao meu lado quando eu precisar. Nunca me sinto sozinha porque sei que ela está ali."

Animais de estimação

Quando os amigos falham, os animais de estimação são uma grande fonte de conforto. Embora não substituam os seres humanos, eles oferecem lealdade e divertimento, como os amigos de verdade deveriam fazer. Veja o que Rachel, 15 anos, escreveu sobre sua cachorrinha: "O que eu mais queria é que minha cachorrinha, Misha, vivesse até pelo menos eu completar 90 anos de idade. Tenho apenas 15 e ela fez com que esses anos fossem muito especiais. Quando estou aborrecida, Misha está ali para me consolar. Quando estou feliz, ela está sempre pronta para brincar... Vou tentar fazer com que o resto da vida dela seja tão significativo, completo e feliz quanto ela tornou a minha vida." Érika, de 14 anos, faz coro: "Casanova, o meu cachorro, me adora. Algumas vezes, eu grito com ele, mas, não importa o que eu faça, ele sempre abana o rabo e vem correndo para mim. O amor dele é incondicional."

Os elementos da amizade

Os pais podem e devem ajudar os filhos a formar amizades, mas sem se intrometer demais no processo. Essa jornada é pessoal e intransferível e inclui alguns golpes duros pelo caminho como parte do aprendizado. Aqui estão algumas idéias sobre as quais você pode refletir:

- Forneça as condições para que os relacionamentos floresçam. Amizade requer experiências compartilhadas e interações constantes. Organize brincadeiras com os amigos de seus filhos e idas regulares a parques ou clubes, se eles ainda forem pequenos. Quando são maiores, encoraje-os a convidar os amigos para irem à sua casa ou para alguns passeios em família. A melhor maneira de desenvolver amizades é proporcionar atividades que os agradem. Veja o que Rebeca, 11 anos, sente a respeito: "As pessoas dizem que o dinheiro pode comprar tudo, mas eu sei que isso não é verdade. Você não pode pagar a uma pessoa para ela ser sua amiga. Mesmo que pudesse, eu prefiro encontrar um amigo debaixo de uma enorme macieira."

- Receba com alegria os amigos de seu filho e demonstre satisfação com a presença deles. Ao mesmo tempo, deixe-os a sós e respeite sua privacidade.
- Preparar um lanche para servir depois da escola ou comprar uma pizza para um grupo de crianças é um investimento que vale a pena.
- Não se importe se a casa ficar um pouco desarrumada quando seus filhos estiverem recebendo visitas.
- Ensine boas maneiras, consideração e cortesia a seu filho. A gentileza ("Obrigado", "Como vai?" ou um mero tapinha nas costas) pode ser uma arma preciosa para conquistar e manter amigos.
- Mostre a importância de ter espírito esportivo. E dê o exemplo, tanto nos eventos das crianças quanto nos seus.
- Encoraje a simpatia e a solidariedade em seus filhos e ajude-os a imaginar como o outro se sente.
- Mostre que ser amigo significa estar ao lado da pessoa nos bons e maus momentos. Incentive seu filho a apoiar as pessoas de seu círculo de convivência.
- Enfatize a importância da confiança, da honestidade e da lealdade. A melhor maneira de ensinar essa lição é conversar sobre esses valores e elogiar quando seus filhos demonstrarem tais qualidades em seus relacionamentos (inclusive com você e os irmãos, não só com os amigos).
- Procure conhecer os pais dos amigos de seus filhos. Participar dos eventos organizados pela escola é uma boa maneira de conseguir isso (ajude a planejar esse tipo de

congraçamento, se não houver muita coisa acontecendo). Essa atitude pode estreitar os laços de amizade entre as crianças e até promover novas amizades entre os adultos.

- Dê o exemplo. As crianças aprendem com os nossos atos, não com nossas palavras. Reserve um tempo para alimentar as suas próprias amizades: faça uma visita, mande uma carta, saia para tomar um café e conversar. Nossos amigos nos ajudam a manter os pés no chão, mesmo na corrida insana do dia-a-dia.

O tesouro da amizade

Muito já se escreveu sobre o colapso do sentimento de coletividade e o crescimento do individualismo nos Estados Unidos, que levam à extrema solidão. O melhor antídoto contra essas tendências é a amizade. Não existe tristeza pior do que não ter um amigo e nem tesouro maior do que ter uma pessoa fiel e divertida com quem se possa contar. Saber que somos compreendidos e que nos desejam o bem, apesar de nossos defeitos, é uma experiência maravilhosa. Amizade, como escreveu Emerson, "não é uma lâmina de vidro ou uma escultura de gelo, mas a coisa mais sólida que conhecemos". Exatamente o que as crianças desejam – e precisam – num mundo inconstante.

Capítulo 6

Natureza

"Uma poça de lama para chafurdar." – John, 4 anos

"Um dia quente de verão." – Samuel, 6 anos

"Chuva." – Katie, 10 anos

"Aprender a subir numa árvore." – Robi, 7 anos

"Beleza natural." – Júlia, 12 anos

"Conservação da Terra." – Frances, 11 anos

"Ver as grandes profundidades do oceano." – Allie, 10 anos

"Um parque limpo." – Trey, 10 anos

"Que as pessoas parem de jogar lixo nas ruas." – Rosy, 13 anos

"Um mundo sem poluição." – Erin, 13 anos

"Que homens e animais vivam juntos... em harmonia." – Kyle, 10 anos

"Que os animais estejam a salvo." – Emmy, 6 anos

"A grama, as árvores, a água, as florestas tropicais e a chuva, a neve... e os cavalos, os pássaros, os lobos, as cobras, os sapos, os ratos, os camundongos, os tubarões, os peixes, as baleias e as algas." – Jeff, 9 anos

Quando caminhamos pelas matas ou olhamos para as estrelas, algo mágico acontece. Talvez seja o reconhecimento de que estamos conectados a algo muito maior do que nós mesmos. A capacidade de buscar conforto na natureza é um dos maiores presentes que podemos oferecer aos nossos filhos. O amor pela natureza é universal – ele pode ser usado como uma fonte de força, de aconchego, de alegria, de inspiração e de cura. Anastasia, 10 anos, captou com perfeição esse sentimento: "Eu quero brincar na neve em todos os invernos. Quero nadar no mar em todos os verões. Quero plantar árvores no parque com meus amigos em todas as primaveras. Quero pular nas poças de água em todos os outonos."

Para reconectar-se com a natureza, você não precisa visitar um parque nacional ou fazer um cruzeiro marítimo ou um trekking por uma floresta tropical. Ela pode ser encontrada no pequeno milagre de uma semente germinando num copo de papel colocado à beira da janela, nas formigas caminhando pela calçada, na aventura de sair de casa, sob o sol ou a chuva, para sentir o ar fresco.

Eric, 9 anos, captou essas sensações: "*O que eu desejo e o dinheiro não compra é uma selva com todos os animais do mundo.* Ela teria tigres siberianos, leopardos, leões, macacos, pingüins, etc. O maior e mais longo rio também estaria nela, assim como a maior baleia azul e o menor dos peixes... Minha selva teria quatro partes: uma como a selva amazônica, cheia de árvores com trepadeiras e mais altas que as sequóias; outra como as Grandes Planícies, onde a grama tem um metro e meio de altura; uma terceira parte como o Parque Nacional de Yosemite, com uma enorme cachoeira; e a última como a Antártica, fria de congelar."

Nancy, 8 anos, evocou uma visão mais serena: "Eu amo as estrelas quando elas brilham à noite no céu. É tão lindo fazer um desejo para uma estrela cadente. É como um diário, só que a gente não pode escrever nele como escrevemos num livro, mas nós podemos conversar com o céu e dividir com ele nossos sentimentos e pensamentos."

Como essas crianças, outras, de todas as idades, escreveram para expressar gratidão por árvores, rios e animais. Para falar de seus sonhos de flutuar sobre as nuvens e nadar com polvos e também sobre momentos simples, porém significativos, como o cheiro da brisa e as cores do pôr-do-sol. Emilia, 9 anos, não precisou ir muito além de seu próprio quintal para desenvolver uma ligação profunda e duradoura com a natureza: "No quintal da minha casa existem flores silvestres, pinheiros que usamos todos os anos para fazer árvores de Natal, uma grama macia, clara e aparada, e amoras e framboesas que viram uma calda deliciosa para jogar em cima das panquecas. É muito divertido subir nas árvores, sendo que os salgueiros são perfeitos para se tirar uma soneca relaxante."

A intimidade de uma criança com a natureza pode ficar entorpecida por dois motivos: a turbulência urbana e os brinquedos artificiais. Isso é particularmente preocupante, pois os especialistas sugerem que a interação com a natureza (rochas, árvores, vento) é crucial para o desenvolvimento do cérebro, da inteligência e da imaginação infantis. Segundo a psicóloga Mary Pipher, é importante que as famílias procurem lugares selvagens para visitar. "As crianças não podem amar aquilo que não conhecem", afirma.

Como a natureza é abundante e está ao nosso alcance quase todo o tempo, basta estimular as crianças a seguirem sua própria curiosidade e interesse pelas coisas. Se seus filhos são pequenos, tudo o que você precisa fazer é honrar, respeitar e encorajar a conexão inata que eles têm com o mundo natural. Ajoelhe-se com eles para observar aquela minhoca que aparece numa manhã chuvosa; pare para olhar – olhar de verdade – as flores do seu vizinho; vá a um parque regularmente; caminhe pelas matas; plante uma semente de abóbora; recolha pedras ou conchas; faça uma torta de lama.

Rachel, 9 anos, nos falou sobre o prazer de estar ao ar livre: "*O que eu realmente desejo e o dinheiro não compra é a natureza.* Ela é bonita e eu posso tomar ar fresco, fazer novos amigos, como pássaros, cervos e esquilos... posso admirar as árvores balançando, descer rolando pela montanha e cair na água, brincar num campo cheio de flores, subir em árvores, desenhar na terra, e, se a neve cair, posso brincar no meio dela... Espero que as pessoas pensem na natureza tanto quanto eu."

Ecologistas, psicólogos ambientais e outros especialistas explicam que esse prazer em explorar e saborear as pequenas maravilhas que nos rodeiam freqüentemente desaparece à medida que vamos ficando mais velhos e começamos a perder o sentimento de apreço pelas coisas simples da vida. Infelizmente, isso está acontecendo cada vez mais cedo, pois as crianças estão amadurecendo mais depressa.

Dados do Zoológico Brookside, em Chicago, sugerem que, em casos extremos, as reações emocionais primárias das crianças em relação à natureza são de medo e aversão. Se esse amor pelo mundo natural não for estimulado desde cedo, o oposto, a biofobia, pode se instalar. Em *Earth and Mind* (Terra e mente), o professor e ambientalista David Orr diz que a biofobia varia de um desconforto nos ambientes "naturais" a um desdém ativo por qualquer coisa que não seja feita e administrada pelo homem. É uma tendência a analisar a natureza "objetivamente", como nada mais que recursos a serem utilizados.

Portanto, saiba que manter nossa conexão com o mundo natural exige um esforço consciente. Como a criança americana média cresce num lar com dois aparelhos de TV, três toca-fitas, três rádios, dois videocassetes, dois CD players, um aparelho de videogame e um computador, e passa quase cinco horas por dia diante desses equipamentos, segundo o Instituto Nacional sobre Mídia e Família, é alto o risco de elas crescerem sem nenhuma intimidade com as experiências sensoriais naturais.

Existe um número incontável de coisas que você pode fazer para reverter essa tendência. Não é preciso passar três semanas num acampamento no meio de uma floresta para entrar em sintonia com a natureza. A lista que se segue traz algumas idéias para começar esse processo. Escolha as que mais atraírem seus filhos e estimularem a interação direta com o ambiente, em vez de uma abordagem meramente didática.

- Organize um piquenique no parque. Leve a família para andar de bicicleta ou caminhar.
- Preste atenção aos ritmos do dia e do ano. Observe as alterações que a mudança de órbita da Terra causa nas sombras. Celebre o equinócio e o solstício – aprecie o sol nascer ou se pôr.
- Promova uma sessão de observação das estrelas. Fique acordado até tarde e monte um telescópio em algum lugar escuro. Identifique as constelações com a ajuda de um mapa celeste e faça planos para poder observar o próximo evento celeste incomum, como, por exemplo, uma chuva de meteoros.
- Traga a natureza para dentro de sua casa: cuide de um animal; colecione pedras, conchas ou fósseis; construa um terrário.
- Pendure um alimentador de pássaros e não esqueça de abastecê-lo com pedacinhos de frutas e água. As crianças vão adorar observar de perto essas criaturas.
- Plante alguma coisa: ervas aromáticas, flores, uma horta, um jardim comunitário – ou simplesmente coloque um grão de feijão para germinar em um recipiente com algodão. Deixe a responsabilidade de aguar as plantas com seus filhos e promova experiências em conjunto sobre adubar o solo e os ciclos da vida – sem mencionar as minhocas!
- Vivencie os elementos (terra, ar, fogo e água). Saia ao ar livre, cave a terra, observe as nuvens, solte pipa, faça uma fogueira, pule nas poças de água, caminhe sob a chuva.
- Explore a área onde mora sob diferentes perspectivas. Verifique a geografia do seu próprio quintal ou quarteirão

– que plantas e animais são nativos dessa área, por exemplo? Pense na criação de um habitat para as plantas nativas da área onde mora para, assim, atrair pássaros, insetos, pequenos mamíferos, sapos e tartarugas que pertençam a sua pequena parte do planeta.

- Plante flores e faça arranjos com elas.
- Olhe, mas olhe de verdade, para o mundo ao seu redor: a terra que cobre o seu quintal, os insetos na grama, as árvores do outro lado da rua, o céu azul e as nuvens que se movem. Desacelere. Preste atenção. Cheire. Ouça. Veja.

Ensine seus filhos a proteger o meio ambiente

O canal de televisão Nickelodeon, dedicado à programação infantil, conduziu uma pesquisa em 2001 que demonstrou que a preocupação com o meio ambiente é o tema número um das crianças entre 8 e 10 anos de idade. Crianças mais velhas demonstraram inquietações sobre outros temas, mas expressam, com freqüência, preocupações ecológicas. Bradley, 17 anos, retratou de maneira bem clara como seria um mundo ambientalmente responsável: “Acredito que, se cada pessoa no mundo sentisse amor e respeito genuínos pela natureza, muitos dos problemas que o nosso planeta enfrenta estariam resolvidos... ela compraria apenas produtos que não prejudicassem o ambiente e reciclaria mais coisas, reduzindo a necessidade de matérias-primas e espaços para depósitos de lixo. A derrubada de árvores e a caça destrutiva seriam interrompidas e as técnicas de agricultura orgânica seriam obrigatórias, bem como as famílias limitariam seu tamanho e, assim, haveria mais comida e oportunidades para todos. Essas são apenas algumas das coisas que aconteceriam se a raça humana pudesse se reconectar com a Terra e aprender a amá-la outra vez.”

Converse com seus filhos sobre o óbvio: a reciclagem, o cuidado na hora de jogar fora os detritos, a conservação da água. Estimule-os a tomar parte nos esforços para a conservação da casa, na instalação de lâmpadas que economizam energia, na limitação do uso de pesticidas e fertilizantes no seu próprio quintal ou jardim, e a participar dos eventos comunitários de limpeza da área onde moram e dos esforços para torná-la mais bonita.

As crianças precisam se tornar consumidores conscientes não apenas para proteger a sua própria segurança financeira no futuro como também para assegurar a sobrevivência do planeta como o conhecemos. O que e quanto compramos têm um enorme impacto ambiental. As crianças têm um forte senso de imparcialidade e justiça, por isso o fato de apontar as desigualdades em nosso sistema vai chamar a atenção delas. Use exemplos práticos: comprar papel reciclado para o computador ajuda a salvar as florestas, assim como um veículo mais econômico contribui para evitar o aquecimento global.

Como só os Estados Unidos consomem 30% dos recursos do planeta, apesar de ter menos de 5% da população mundial, se cada habitante da Terra consumisse tanto quanto um americano típico, nós precisaríamos de mais quatro planetas iguais somente para fornecer os recursos – e absorver os resíduos. Outro absurdo: os americanos produzem duas vezes mais lixo que o cidadão europeu e um quarto dos gases do efeito estufa. Ou seja: estamos usando mais do que nos caberia por direito daquilo que a Terra possui – e isso não é justo!

Sandra, mãe de uma menina de 10 anos e membro do Centro para um Novo Sonho Americano, contou-me que essas conversas sobre conexões ambientais têm ajudado a conter os impulsos consumistas de sua filha. "É mais um argumento que posso usar quando ela começa a me perturbar e a insistir para que eu lhe compre algo do qual simplesmente não precisa!"

Pessoas responsáveis

"O que eu realmente quero que o dinheiro não compra são pessoas responsáveis. Pessoas que não sujem o planeta, que demonstrem amor por este mundo, que recolham sacos de batatas fritas, jornais, etc. Fico aborrecida ao ver o lixo jogado no chão."

Carolina, 10 anos

"Espero que as pessoas mudem suas atitudes em relação ao ambiente e à natureza... Gosto muito de visitar meus avós na Flórida, onde ando de caiaque nos canais e brinco de tentar tocar nos peixes-bois, caçar caranguejos e explorar os bancos de areia. Infelizmente, não tenho visto tanta vida marinha como antes. As pessoas estão construindo casas de frente para o mar e estão construindo quebra-mares de proteção e isso está atrapalhando os animais. Meu pai e eu desfrutamos de bons momentos passeando de caiaque e explorando a região. Gostamos de apreciar a paz e o encanto da natureza. O governo não pode criar leis que obriguem as pessoas a fazer o que é certo, mas nós podemos pedir que nossos amigos conversem com os amigos deles e, dessa maneira, tentar mudar essa postura em relação ao ambiente. Espero que eu possa continuar passeando de caiaque nessa região, mas, se as pessoas não mudarem, não vejo como isso seja possível."

Jaime, 11 anos

Depois de falar sobre o lado negativo, enfatize as imensas possibilidades de se *fazer* algo positivo. Estimule as crianças a condicionarem suas próprias ações e comportamentos à saúde do planeta. Deixe claro que pequenas atitudes tomadas por várias pessoas podem gerar grandes mudanças.

Será que mais alguém percebe?

"Fico olhando, lá do meu quintal, a rua que antigamente era tranqüila e silenciosa ser transformada numa estrada de seis pistas. Ela costumava ser ladeada por árvores, mas logo será como qualquer outra estrada. A entrada da cidade também vai ganhar um enorme centro comercial. Você acha que estou satisfeita? De jeito nenhum. Estou com medo... O que será dos pântanos que foram drenados para as novas construções? Em quase todos os verões, as florestas pegam fogo. As praias agora andam imundas e tomadas pela água poluída que vem do esgoto. Será que alguém mais se dá conta de que, se quisermos ter algum futuro, é preciso que todos, vizinhos, amigos, comerciantes e representantes do governo PAREM de ignorar o problema. Precisamos trabalhar juntos e mostrar que nos importamos – e isso não custa nada!"

Samara, 15 anos

Ajudar nossos filhos a aprender sobre o mundo natural e a vivenciá-lo é uma de nossas tarefas mais importantes como pais. Assim sendo, promova um passeio de bicicleta ou um trekking, ou simplesmente fique parado na janela observando uma teia de aranha. Existe mágica em toda parte, só precisamos desacelerar o passo e desfrutar dela.

Capítulo 7
Espiritualidade

"Eu quero paz e quietude para minha alma, tranqüilidade para os meus pensamentos e descanso para o meu coração... Eu quero fé, quero possuir a substância das coisas desejadas e a evidência das coisas não vistas."

Elisa, 14 anos

Todos nós precisamos de um porto seguro em nossa jornada pela vida. É comum experimentarmos sentimentos de medo, dor, indignação, nostalgia e isolamento ao longo desse caminho. A julgar pelos muitos trabalhos que recebemos sobre esse tema, mesmo as crianças estão em busca de significado e paz interior. Elas falam em Deus, no paraíso e no desejo de estarem ligadas a um propósito maior. Algumas citam sentimentos de gratidão, enquanto outras procuram perdão e cura.

Danielle, 17 anos, busca um ponto de apoio e de esperança no relacionamento com Deus: "Em minha vida, já possuí muitos objetos, mas nenhum deles pode se comparar ao amor e à força que recebo de nosso Deus Todo-Poderoso... Ele preenche todas as lacunas e vazios de minha vida. Ele é alguém que posso procurar quando preciso de consolo e alegria. Deus cria uma sensação de paz em minha vida. Nenhum dinheiro jamais poderia comprar o amor de Deus."

Samanta, 7 anos, foi ainda mais direta: "O dinheiro não pode comprar Deus porque Ele é invisível, grandioso, forte e ajuda a todos." Como fé e espiritualidade são assuntos profundamente pessoais, esse capítulo se propõe a ajudar na construção de um lugar para que você e seus filhos possam vivenciar novas conexões e alimentar a vida interior.

Desenvolvendo uma vida interior

A cultura contemporânea concentra-se nas aparências externas, já a viagem para dentro de nós mesmos nos ajuda a ficar conectados com o que realmente interessa em nosso dia-a-dia tumultuado. A vida interior é alimentada por uma atitude de rendição e não de controle, por isso crie um ambiente em sua casa que leve à oração, à meditação ou simplesmente a momentos de silêncio, em que os sons naturais dos pássaros, do vento e da chuva são os únicos estímulos exteriores. Incentive seus filhos a participar desses momentos.

Alegria e surpresa

"Acho que em algum momento da vida eu e muitas outras pessoas perdemos uma coisa simples, que é a admiração diante do mundo que nos rodeia, a sensação de deslumbramento... Eu me lembro de ter assistido a um mágico que se apresentava num parque. Enquanto ele entretinha a platéia com seus truques, uma criança que mal sabia dar os primeiros passos engatinhava procurando gravetos no meio do gramado. Cada vez que encontrava um, ela parava e, completamente fascinada, punha-se a examinar o pedacinho de pau com muito cuidado. Depois, colocava-o no bolso do macacão que vestia e continuava a sua busca por mais um tesouro. Isso é maravilhoso. Essa é a alegria simples que tanto busco e sei que o dinheiro não compra."

Katia, 16 anos

Christina, 15 anos, tem a mesma expectativa: "Gostaria que as pessoas olhassem ao redor e tentassem descobrir a verdadeira felicidade nas pequenas coisas da vida. Elas ficariam maravilhadas ao perceber como a simplicidade pode transformar a preocupação e a tristeza num sorriso. Ninguém precisa de dinheiro para ser feliz... A verdadeira felicidade vem de dentro."

Nikki, 16 anos, descreveu como seria o mundo se tivéssemos mais alegria interior e paz exterior:

O que aconteceria se isso fosse verdade?
As pombas mergulhariam nas nuvens lá em cima
Atravessando o dourado e a claridade
Do enorme sol que do céu nos ilumina.

A voz do vento sussurraria até nos alcançar
Uma palavra, "Paz", é o que diria
A grama retorcida, a se balançar,
As criaturas alegres esperando o novo dia.

Uma quietude jorraria de toda a humanidade
E tudo de ruim que nos rodeia
Como dor, ódio, tristeza e maldade
Seria trocado por calor, bondade e amor
As emoções com que a paz nos presenteia.

O exemplo começa em casa

Assim como acontece com tantas outras coisas, nosso próprio caminho espiritual é a chave para a jornada de nossos filhos. As crianças observam nossas crenças, atitudes e comportamentos e os tomam como exemplos a serem seguidos. Portanto, nossos lares devem refletir nossos valores. Costumamos reclamar da hiperatividade das crianças e de suas intensas programações, mas e nós, como agimos? Estamos desacelerando o suficiente para conseguir ponderar sobre a inefável leveza do ar?

Ofereça ajuda aos que necessitam, seja um exemplo de bondade para com seu cônjuge e, quando não conseguir (e isso acontece a qualquer um), tente encontrar maneiras tranqüilas de lidar com os conflitos. É importante saber expressar gratidão, celebrar a beleza e promover a justiça social e a paz mundial – embora isso nem sempre seja possível. Mesmo, ou principalmente, em tempos de exaustão, raiva, decepção ou dor, tente ser um modelo de seus valores e de sua fé. Seus esforços, tanto em situações de fracasso quanto de recuperação, são a essência do currículo espiritual de seus filhos.

Fé e espiritualidade são caminhadas extremamente particulares. Para muitos de nós, descobrir o que é verdadeiro e por que estamos aqui é uma estrada cheia de solavancos. Desfrute do prazer de fazer essa viagem junto com seus filhos e ensine a eles os fatos da vida à medida que ela for se revelando aos seus olhos, inclusive as questões que muitas vezes parecem não ter resposta.

Vivencie as questões

Muitos de nós nos sentimos despreparados para responder às questões universais – Deus existe? O que acontece quando morremos? O paraíso existe? Se Deus existe, por que tantas pessoas sofrem? –, pois não temos certeza das respostas. Mas questionar é um componente básico da vida espiritual. Nosso papel envolve alimentar a busca e a vivência pessoal da verdade e da sabedoria, além de criar as condições para uma vida espiritual positiva.

Muitas crianças são naturalmente curiosas, por isso responda com honestidade e sob a sua própria perspectiva, mesmo quando elas se mostram insatisfeitas com as respostas. Não subestime sua capacidade de lidar com as incertezas – ao contrário, explique que é comum as pessoas discordarem umas das outras e dê detalhes sobre a sua própria compreensão da fé, sobre a parte misteriosa e não analítica da vida e a possibilidade de vivenciar uma sensação de Deus ou do sagrado mesmo sem entender todos os detalhes.

Sua recompensa será vê-los desenvolver análises próprias, como fez Josh, 14 anos: *"O que eu desejo e o dinheiro não compra é a sabedoria.* Quando Deus deu a Salomão a chance de escolher entre qualquer outra coisa neste mundo (como riquezas, belas 'gatinhas' ou um carro esporte último tipo), ele escolheu a sabedoria, que não é uma coisa que você possa comprar na mercearia da esquina. É algo que precisa ser aprendido através de erros e conquistas, que se adquire com o passar do tempo. Sabedoria é a compreensão do que é verdadeiro, justo, duradouro, é discernimento e bom senso."

Ritual

Para a maioria dos pais, os fins de semana se resumem a uma frenética correria para colocar em dia a roupa suja, as compras de supermercado e os deveres de casa. Os dias úteis, por sua vez, são uma outra luta constante, que deixa pouco tempo para práticas que favoreçam o desenvolvimento espiritual. Tente estabelecer alguns rituais – freqüentar algum tipo de serviço religioso ou prática esportiva, por exemplo. Você descobrirá que eles funcionam como âncoras para seus filhos por demonstrarem quais valores e crenças você considera importantes.

Existem muitas atividades que podem ajudar adultos e crianças a criar raízes e a trilhar sua jornada espiritual. Escolha a que mais lhe convém:

- Agradeça, antes das refeições ou na hora de dormir, com preces ou fazendo uma pausa de reflexão. Existem vários livros de orações que podem ser lidos com as crianças.
- Pense na possibilidade de tirar um dia de descanso. Minimize as obrigações e priorize o descanso, a reflexão e a renovação. Como escreveu o rabino Michael Lerner, em *Spirit Matters* (O espírito é importante): "Escolha um dia da semana para não tentar mudar ou transformar o mundo. Reaja a ele com alegria, celebração, respeito e admiração. Abra-se para

o milagre e o mistério do universo." Um dia de tranqüilidade muda para melhor seu estado de espírito e seus filhos terão um tempo precioso para relaxar, ouvir ou fazer música ou simplesmente ficar ao seu lado e conversar.

- Crie espaços comemorativos em sua casa, como uma parede de fotografias dos ancestrais, uma árvore genealógica ou um espaço para meditação e oração.
- Reserve um tempo semanal para ajudar as pessoas necessitadas e envolva seus filhos nesse processo. Você vai descobrir que o contato com o sofrimento altera drasticamente o senso de prioridade e a noção do que é realmente importante na vida.
- Celebre nascimentos, a entrada na adolescência (e a passagem para a vida adulta), além de eventos sazonais, como o equinócio e o solstício.

Cinco práticas espirituais para crianças e adultos

Silêncio e tranqüilidade

Não há substitutos para o silêncio na busca pela sabedoria, pelo discernimento e pelo entendimento espiritual, mas neste início do século XXI parecemos compelidos a permitir que o barulho invada nossa privacidade. Criar pequenas pausas na atribulada rotina, de cinco ou dez minutos toda manhã, pode causar uma surpreendente diferença. As práticas meditativas não se aplicam apenas aos adultos, elas trazem oportunidades iguais para todas as idades (com exceção das crianças ainda bem pequenas). Os longos períodos de silêncio podem ser um pouco tediosos para seus filhos, mas, ao perceber a importância do compromisso assumido pela família, eles acabam aprendendo a gostar do processo.

Não é preciso estar só, sentado, sem dizer nada, de olhos fechados, para deixar que seu coração se acalme e a mente se esvazie de todos os pensamentos e preocupações. Basta estabelecer algumas zonas de silêncio, momentos em que a TV, os CD players e a campainha do telefone estiverem desligados e todos os membros da família estiverem livres de compromissos. Escolha uma posição confortável, inspire e expire de maneira consciente, trazendo a mente de volta a esse momento sempre que ela se desviar – é isso, você está meditando. Seja receptivo ao que quer que esteja ouvindo, vendo, cheirando, sentindo, deixe sua turbulência mental fluir e acalme-se. Você vai se surpreender ao descobrir o quanto isso pode ser relaxante.

Muito já foi escrito sobre como o *ser* é mais importante que o *fazer*. É difícil justificar uma interrupção quando há tantas coisas a serem feitas, mas trata-se de uma experiência desafiadora: a possibilidade de acessar uma outra dimensão através de uma postura de humildade franca e silenciosa.

A grande vantagem da meditação é a possibilidade de ela ser aplicada sempre que o estresse aparecer, onde quer que estejamos. Ela acalma e ajuda a tomar consciência de que na corrida da vida o silêncio e a tranqüilidade são pré-requisitos para o reconhecimento de que, num contexto mais amplo, o motivo da tensão não é tão significativo. Crianças mais velhas aprendem com facilidade e rapidez as técnicas simples de meditação. Uma das favoritas de meus filhos é a que estimula a repetição: "Inspirando, estou acalmando o meu corpo; expirando, estou sorrindo." (Obrigada, Thich Nhat Hanh.) Continue dizendo "É o momento presente", enquanto inala, e "É um lindo momento", enquanto exala.

Canto e música

Se o silêncio vale ouro, o som idem. Acredito que muitas pessoas encontrem a transcendência através do canto, principalmente quando em grupo. Não precisa ser uma música de tom espiritual para que se extraia regozijo ou algum tipo de conexão.

Faça uma experiência em família. No início, seus filhos vão achar que você é esquisito ou uma fonte de constrangimento para eles, uma vez que cantar não é mais uma atividade constante na vida escolar, e também porque estão acostumados à música eletrônica. Mas não desanime. Use tambores ou pandeiros para as crianças se divertirem batucando – para algumas delas, isso será mais "maneiro" do que cantar. Outra opção é apresentá-las à música clássica. Leve-as a concertos e compre alguns CDs com música tranqüila e meditativa. Os clássicos são extremamente relaxantes, ideais para serem tocados no final de um longo e cansativo dia.

Compaixão

Grande parte de nossa cultura celebra o individualismo e a habilidade de dominação. Entretanto, a vida espiritual está enraizada no amor e na compaixão pelo outro. Como podemos ajudar nossos filhos a encontrar a harmonia com outras pessoas e priorizar uma vida de compaixão?

Se demonstrar piedade soar como uma obrigação e uma amarga responsabilidade, algo está errado. Atos de bondade costumam ser o resultado de uma sensação pessoal de se sentir amado. A compaixão pelos outros vem naturalmente, quando descobrimos alguma paz dentro de nós mesmos. O primeiro passo para ajudar nossos filhos a se tornarem instrumentos de amor é demonstrar quanto eles são amados.

As crianças são, ao mesmo tempo, egoístas e abnegadas. Elas costumam ocupar o centro de seus próprios pensamentos, até que alguém as lembre de pensar nos que as rodeiam. Quando isso acontece, elas demonstram grande generosidade e consideração para com o outro e experimentam o orgulho, a empatia e o valor próprio. A preocupação com as pessoas carentes lhes mostra que, na essência, todos são iguais e têm o mesmo valor. Elas precisam saber que, quando distribuem sorrisos e bondades, tornam o universo mais amigável e passam a integrar uma força poderosa que age neste mundo.

Você vai encontrar várias idéias sobre como envolver seus filhos em atividades assistenciais no próximo capítulo, que fala sobre como fazer do mundo um lugar melhor, por isso não vou entrar em muitos detalhes agora.

Natureza

Muitas pessoas conectam-se com a dimensão sagrada da vida entrando em contato com a natureza. Isso lhes traz sentimentos de gratidão e a perspectiva do pequeno lugar que ocupamos na vastidão do universo. Infelizmente, o que antes era parte inerente de nossas vidas – céus abertos, árvores, campos e prados –, agora precisa ser buscado deliberadamente. Se vocês moram em uma grande cidade, é preciso buscar alternativas para garantir uma conexão com o mundo natural. Oriente seus filhos a observar o mundo em toda a sua complexidade e extravagância. Eles precisam redescobrir a reverência, o prodígio e o poder transformador do mundo natural.

Educação espiritual e estudo

Há milhares de anos os seres humanos têm buscado a verdade e as respostas para as questões universais. Os que têm fé e estão comprometidos com uma religião tradicional costumam estudar as escrituras sagradas – a Bíblia, a Torá, o Corão, o Bhagavad-Gita, o Tao Te Ching e outros –, mas até os que buscam o caminho espiritual alternativo devem considerar o que esses livros religiosos têm a dizer.

Aqui estão algumas idéias para ajudar seus filhos a se interessarem mais por uma vida de estudo e reflexão sobre o amor espiritual:

- Leia, estude e memorize. O ato de decorar poesias e versículos da Bíblia pode ser de grande valia. Peça que seus filhos elaborem cadernos com aforismos, mitos, fábulas ou passagens inspiradoras retiradas do Velho Testamento, do Tao Te Ching, de um ensaio de Thoreau ou mesmo de um discurso de Gandhi ou de Martin Luther King. Esse trabalho de pesquisa promove a memorização das citações e há a chance de que se apeguem a essas palavras de sabedoria em momentos de necessidade ou de mudança. É impressionante a capacidade de abstração das crianças ao interpretar o que lêem quando as palavras realmente tocam seus corações. Veja o caso de Allan, 17 anos: "Fé, esperança e amor... A verdadeira fé está guardada no mais profundo do ser humano. Ela se agarra com tanta força a uma idéia que nem a indiferença, a perseguição ou a morte podem abalar a certeza do indivíduo. Circunstâncias ou tentações podem causar um breve momento de dúvida, mas isso é superficial e temporário, pois a esperança está ancorada na fé, na confiança de que aquilo que é esperado virá. E o que mais esperamos é o amor verdadeiro e real, um amor que abre mão do interesse próprio em benefício do outro. *All You Need Is Love* (Você só precisa de amor), título de uma das canções dos Beatles, reflete bem o significado do amor incondicional e abnegado."

- Estimule seus filhos a manter diários com desenhos ou outras formas de arte que expressem seus sentimentos em relação a Deus, ao paraíso ou à dimensão divina da vida. Esse tipo de anotação pode ser reconfortante.
- Conte histórias. Além de entreter seus filhos, é um instrumento eficiente de ensino que tem sido um pouco negligenciado nas últimas décadas, mas a verdade é que ele ajuda as crianças a compreender melhor o mundo. Experimente reviver essa antiga tradição na hora de colocar as crianças na cama. Procure livros que ajudem seus filhos a absorver fé, valores e ideais positivos, ou invente suas próprias histórias.

Se você quer que seus filhos abandonem a compulsão consumista, ajude-os a encontrar um significado para a vida. A entrega, a disposição de oferecer o seu eu mais profundo ao mistério por trás da superfície das coisas, que muitos chamam de Deus, outros de consciência universal e outros ainda de amor, também ajuda a abandonar a obsessão por coisas materiais.

A visão que cada um tem sobre a estrutura e evolução do universo é algo profundamente pessoal. Mesmo sem indicar caminhos, é importante que os pais forneçam alguma orientação espiritual aos jovens, até porque eles se mostram interessados em livrar-se das ansiedades, dos anseios, dos medos e das dúvidas. Você pode exortá-los à possibilidade do amor – "Vamos nos sentar em silêncio e pedir que ele entre em nossos corações, vamos desacelerar e nos abrir para vivenciar essa dimensão" – e também da fé.

Exponha seus filhos àquilo que não conhecemos, faça com que se conectem a algo maior do que eles mesmos, que experimentem o amor profundo e a proteção, a confiança, a persistência, a esperança e a paz que vêm dessa fé. Existe uma bênção budista que considero muito reconfortante: "Que você possa estar a salvo e protegido. Que possa estar em paz e feliz. Que seja forte e saudável. Que tome conta de si mesmo com alegria enquanto habita esta Terra."

O último dos grandes imperadores romanos, o estóico Marco Aurélio, escreveu: "Honre o que há de mais elevado no Universo; é o poder do qual tudo depende; é a luz através da qual toda a vida é guiada. Honre o que há de mais elevado dentro de você, pois esse é o poder de que todas as coisas dependem e a luz que guia tudo na vida. Cave profundamente: lá dentro está a fonte inesgotável de Deus, e ela está sempre pronta a jorrar. Basta cavar."

Ajude seus filhos a não embarcar no estresse da escola, das distrações eletrônicas e do materialismo. Incentive-os a fazer uma pausa e tomar consciência das muitas fontes de luz, fora e dentro deles mesmos. A oração de Daniel Martin reflete parte dessa busca.

"Nós que perdemos o bom senso e os sentidos – o tato, o olfato, a visão de quem somos;

Nós que forçamos e pressionamos tudo com frenesi, sem descanso para o corpo ou o espírito,

Ferindo nossa Terra e machucando a nós mesmos,

Queremos parar, queremos descansar,

Precisamos descansar e permitir que a Terra descanse.

Precisamos refletir e redescobrir o mistério que habita em nós.

Ele é a base de toda expressão singular da vida,

A fonte da fascinação que conclama à comunhão tudo o que nos rodeia.

Declaramos um "Dia Sagrado da Terra", um espaço de quietude:

Para simplesmente ser e deixar ser;

Para recuperar as grandes verdades esquecidas."

Capítulo 8
Fazer do mundo um lugar melhor

"Eu quero que o mundo seja repleto de coisas como amizade, famílias felizes, generosidade, liberdade, amor, alegria, paz, compreensão, esperança, ar puro, direitos dos animais, confiança, honestidade, justiça."
Kate, 9 anos

"Acima de tudo, quero que todos tenham um lar, comida e algumas roupas."
Samanta, 7 anos

As crianças sabem sonhar alto. Uma das fantasias mais grandiosas é justamente aquela em que o mundo se torna um lugar melhor, com mais paz e menos conflitos, mais justiça e menos fome, e mais cooperação entre as pessoas. A preocupação com os mais necessitados ajuda a descobrir a empatia, a compaixão e até a coragem ainda latente. E quase sempre coloca os bens materiais em uma perspectiva mais adequada.

Observe o que Alexandre, 11 anos, escreveu: "O que eu quero que o dinheiro não compra? Há tantas coisas que fariam minha vida mais feliz, mas eu não preciso delas, são apenas coisas que tornariam minha vida mais feliz. Eu ficaria muito mais alegre se as famílias dos sem-teto pudessem realizar pelo menos um de seus sonhos. Tenho certeza de que elas se sentem desesperançadas, mas, se pelo menos um de seus sonhos pudesse se realizar, elas se sentiriam especiais outra vez e mudariam sua visão da vida."

As crianças anseiam por mudanças positivas, mas muitas não sabem como chegar lá. Comece engajando você e sua família em um serviço comunitário, dê uma contribuição generosa ou parta para a ação política. Este capítulo vai ajudar você e seus filhos a fazerem a diferença.

Paz mundial

As crianças podem não falar abertamente sobre isso, mas muitas têm plena consciência de que o mundo não é um lugar tranqüilo. Segundo um estudo da Sesame Workshop, baseado em desenhos que as crianças fizeram após o atentado de 11 de setembro de 2001, em Nova York, o trauma causado pelos seqüestros dos aviões e pelas imagens dos edifícios caindo, mostradas na televisão inúmeras vezes, foi muito grande. O risco de guerra nuclear e o conflito no Iraque também causam enorme aflição, principalmente nos mais velhos.

Kyle Pruett, professor de psiquiatria infantil do Centro de Estudos Infantis de Yale, é citado no site do Children's Health Fund como autor do seguinte pensamento: "É difícil dizer se o trauma vai desaparecer. Essas crianças são como as que cresceram sobre a falha de Santo André, na Califórnia. Cada tremor de terra que sentirem de hoje em diante poderá evocar o medo."

Embora o concurso da ONG Centro para um Novo Sonho Americano tenha acontecido antes do atentado às torres gêmeas, a maioria das crianças apontou a paz mundial como a coisa mais importante que desejam ter e que o dinheiro não compra. Karen, 12 anos, deu sua versão de paz: "Não estou me referindo apenas à paz entre os países. Falo de paz nas escolas, nas empresas, nas cidades, etc." Já Jimmy, 11 anos, vai mais longe: "Se tivéssemos paz mundial, não teríamos de nos preocupar em levar um tiro ou ser bombardeados. É triste ver na TV pessoas sem casas para morar e sem comida. Eu queria que isso acabasse."

Bernardo, 12 anos, resume assim o seu desejo: "A paz mundial permitiria que as crianças crescessem num mundo melhor... Ela colocaria um ponto final nas guerras, nas armas e no ódio, coisas que estão por toda parte. Isso também faria com que os países inimigos se aproximassem uns dos outros e daria a todos os mesmos direitos que temos nos Estados Unidos. A paz mundial é uma excelente idéia."

Crime e segurança pessoal

A paz mundial, para muitas crianças, começa pela eliminação do crime e da violência. Como escreveu Saulo, 10 anos: "Quero saber que estou a salvo, que posso ir à escola, às compras (com minha família) e voltar para casa são e salvo." Já Ramiro, 10 anos, "queria que ninguém fabricasse armas". Emily, 12 anos, concorda com essa proposta: "O que eu desejo e o dinheiro não compra?... Poder caminhar por minha sala de aula sabendo que o garoto que está no final do corredor não tem uma arma em seu bolso, mochila ou qualquer outro lugar. Quero que as escolas sejam seguras não porque têm guardas de segurança em cada uma delas, mas pela educação... Queria poder ter confiança de que ninguém morrerá por causa do que é ou por sua aparência."

Mesmo as crianças que se sentem seguras têm medo e compaixão por aqueles que vivem em circunstâncias incertas. Shannon, 12 anos, explicou a dualidade tão bem quanto qualquer adulto: "Se eu pudesse ter uma única coisa que o dinheiro não compra, seria um mundo melhor, sem os crimes e a violência que acontecem hoje. Muitas noites, eu vou dormir pensando se meus amigos e parentes estarão vivos para ver o amanhã. Penso até se eu estarei. Na semana passada, um aluno de uma outra escola atirou e matou uma colega porque ela havia mandado que ele saísse do lugar que era dela... Eu costumava zombar das pessoas, mas fui mudando e tenho tratado os outros da maneira como gostaria que me tratassem."

"O que eu realmente desejo e o dinheiro não compra é um mundo pacífico e feliz em que todos sejam amigos. Poderíamos caminhar por toda parte, a qualquer hora, sem sentir medo, tristeza ou insegurança. As pessoas aprenderiam a vencer o preconceito e passariam a amar umas às outras. Ninguém seria rico ou pobre. Se alguém ficasse doente ou incapacitado, toda a comunidade arrecadaria dinheiro e daria o que fosse preciso. Lugares terríveis, como prisões e favelas, não existiriam. Revólveres, drogas e armas seriam banidos. Guerras e crimes passariam a ser lembranças do passado. Se as pessoas, pelo menos, aprendessem a respeitar seus semelhantes, o mundo seria, certamente, um lugar muito melhor."

Sasha, 11 anos

Harmonia religiosa e racial

O segundo tema mais comum abordado pelas crianças foi "amizade entre os povos de cores, raças e religiões diferentes", como escreveu Araceli, 12 anos. Ou "unidade", nas palavras de Graham, 14 anos. Shannon, 10 anos, quer que "todos entendam que somos todos iguais e que só porque alguém tem outra cor de pele isso não o torna diferente". Alice, 14 anos, faz coro: "O que eu realmente desejo e o dinheiro não compra é harmonia racial e religiosa... A pele que nos protege vem em diferentes tons. É essa diferença que faz do mundo algo tão belo. Como rosas numa floricultura: vermelhas, amarelas, rosadas, mas sempre rosas. Tenho uma irmã japonesa, outra tcheca e outra brasileira, um irmão albanês e outro macedônio, sendo que eu sou americana. Nossa mãe é jamaicana, mas somos uma só família de budistas, muçulmanos e cristãos. Vivemos juntos e aprendemos uns com os outros. O que eu realmente quero que o dinheiro não compra é a harmonia racial e religiosa. Como em minha casa."

Serviço comunitário

O número de jovens envolvidos com trabalhos voluntários vem aumentando ao longo dos anos, como militantes pró-voto, leitores para os cegos, auxiliares em abrigos de animais abandonados ou na preparação e distribuição da sopa dos pobres. Trata-se de uma experiência que pode ser profundamente emocionante, como aconteceu com Jennifer, 14 anos: "Estou trabalhando como voluntária num asilo para idosos há três anos. Sinto uma enorme satisfação por poder estar com as pessoas mais velhas, elas não pedem muito, somente um pouco de amor, paciência e tempo. Eu passo o tempo fazendo o que lhes der prazer, como pentear seus cabelos, caminhar, conversar e, acima de tudo, ouvir suas histórias de vida... Gostaria de ver mais compaixão e bondade neste mundo, mas todo mundo anda tão atarefado com o dia-a-dia que não tem tempo para se dedicar aos idosos. Não custa nada e a recompensa é maravilhosa."

Todo mundo pode fazer a parte que lhe cabe. Crianças de qualquer idade podem ajudar a catar o lixo ou arrancar ervas daninhas da praça do bairro. As possibilidades são ilimitadas.

Doação para instituições de caridade

Você pode doar dinheiro, além de tempo. Muitos estão fazendo isso: 89% das famílias americanas relataram fazer algum tipo de doação, segundo dados do site Independent Sector. Na verdade, os Estados Unidos são recordista mundial em doações, com a possível exceção de Israel, segundo Robert Wuthnow e o website www.generousgiving.org. O importante é discutir em família como e quanto deve ser doado, e, mesmo que não seja muito, o que vale é a atitude e o sentimento de fazer parte de uma família solidária.

Valéria, 11 anos, tem uma visão mais global do ato de doar: "O que eu realmente desejo e o dinheiro não compra é que todos ajudem uns aos outros. Se todos fizessem a sua parte, o mundo seria um lugar muito melhor. Algumas pessoas dizem: 'Deus ajuda aos que ajudam a si mesmos.' Eu não acredito nisso. Se não existem empregos em alguns lugares, como as pessoas vão ganhar algum dinheiro? Dinheiro não nasce em árvores! O mundo seria um lugar melhor se todos os serem humanos tivessem mais compaixão!"

Fazer parte do processo político

A maioria dos jovens americanos não é politicamente engajada, embora se preocupe com o assunto. Somente 28% votaram na eleição presidencial de 2000, confirmando o declínio no comparecimento às urnas, um fenômeno que começou nos anos 1960. Para estimular a participação de seus filhos, acompanhe seus interesses e preocupações – se querem proteger o ambiente ou limitar a propaganda nas escolas públicas –, ajude-os a encontrar a sua própria voz e a aprender como utilizá-la.

Para que eles entendam como a nossa sociedade funciona e tenham consciência de quais são os seus direitos e suas responsabilidades, converse sobre sua própria participação política. Os mais velhos podem trabalhar como voluntários em campanhas políticas, ajudar a escrever cartas a políticos reclamando de promessas não cumpridas e participar de marchas, manifestações ou panfletagens.

Bradley, 17 anos, confirma a falta de engajamento de seus colegas: "Muitas pessoas hoje acham que não podem provocar mudanças. Se pudéssemos de alguma maneira fazê-las perceber que a Terra precisa de sua ajuda, e que elas podem, sim, fazer uma grande diferença, as coisas seriam muito melhores neste mundo."

Empatia

Mostrar as situações de pobreza, fome e abandono e cultivar a compaixão pelos menos privilegiados é ponto fundamental na educação das crianças, mas é preciso buscar o equilíbrio – e capacitá-las a fazer algo a respeito.

A empatia é algo natural nas crianças (nós, adultos, é que, muitas vezes, nos condicionamos a ignorar verdades que nos causam desconforto), mas não há nada melhor do que um contato imediato com a realidade para ajudá-las a identificar uma atitude que acompanhe seus sentimentos. Sarah, 14 anos, por exemplo, sonha com o fim do sofrimento humano. Uma boa idéia seria levá-la para distribuir a sopa dos pobres numa noite fria ou fazer uma visita a um asilo de idosos, experiências transformadoras que podem inclusive mudar a maneira como encaramos questões do tipo "Quanto é o bastante?" e "De que eu realmente preciso?".

Colocar-se à disposição do outro ou trabalhar para mudar o mundo em que vivemos são posturas que apelam para o que há de melhor dentro de cada um de nós. Quando o exemplo começa em casa, a assimilação é natural, como mostra Elizabeth, 9 anos: "Eu tenho sete irmãos, sendo que quatro são adotados. Se todos os órfãos encontrassem uma família, teriam alguém para amar, para estar com eles quando mais precisassem, além de ter também um lugar de onde sair para ir à escola. Em meus sonhos, desejo que as pessoas percebam que todas as crianças precisam de amor e que algumas delas nunca o experimentaram. Meus pais ajudaram muito quando fizeram as adoções e eu queria que todos, do fundo do coração, fizessem o mesmo."

Ter uma experiência real, e não teórica, é fundamental, mas os problemas mundiais, mesmo que aparentemente distantes, também precisam fazer parte de suas conversas com seus filhos, da mesma maneira que os problemas da comunidade e da escola. O impacto das notícias sobre bioterrorismo, guerras e outros problemas graves precisa de ajuda para ser "processado" – é importante que as crianças possam colocar livremente suas idéias e fazer todas as perguntas que acharem necessárias: isso renova sua autoconfiança.

Alguns pais temem o efeito da exposição à dura realidade e imaginam se não seria melhor proteger seus filhos. Essa é uma reação natural e se origina no amor e na vontade de viver com mais simplicidade e segurança, mas o isolamento é prejudicial. Talvez você conheça a história de Buda: seus pais o isolaram tão completamente do lado negro da vida – não permitindo que ele soubesse que as pessoas envelhecem, adoecem e, depois de algum tempo, morrem – que, quando ele finalmente descobriu a verdade, ficou tão horrorizado que caiu em depressão profunda por um bom tempo.

O desafio é ajudar nossos filhos a entender os problemas do mundo sem sobrecarregá-los com más notícias. Como a TV tende a transmitir repetidamente imagens de desastres, guerras e tragédias humanas, por serem consideradas "vendedoras", o jeito é monitorar o impacto dessa avalanche. Muitos de meus amigos tentaram proteger as crianças das terríveis cenas do ataque ao World Trade Center, mas obviamente não conseguiram. A solução foi conversar sobre os fatos e ajudá-los a imaginar novas possibilidades para o mundo e a traduzir essas visões em ações.

O escritor britânico Graham Greene definiu melancolia como "a crença lógica num futuro sem esperança", o que explica, em parte, o fato de 20% das crianças americanas precisarem de alguma ajuda psicológica, segundo o pesquisador William Capps. Como pais, temos a missão de equilibrar a exposição de nossos filhos aos males do mundo e, ao mesmo tempo, envolvê-los em esforços positivos para solucionar os problemas.

Um passo de cada vez

Não se impressione com o tamanho dos problemas nem com o ritmo (lento) das transformações. O mais importante é ousar imaginar um futuro sem limites, no qual a mudança seja possível e as pessoas superem seus problemas juntas. Tente criar um ambiente familiar de bons fluidos e boas intenções. Apele para os mais altos ideais: converse sobre honra, verdade, prestação de serviços e democracia.

A vontade de deixar a própria marca existe em todos nós, daí a importância de experimentar a sensação de fazer algo positivo e saber que isso repercute na vida do outro. Como bem disse Margareth Mead, "Nunca duvide que um pequeno grupo de cidadãos preocupados e dedicados possa mudar o mundo. Na verdade, essa é a única certeza".

Como é muito mais fácil falar do que agir, eis algumas idéias para você dar o pontapé inicial:

- Conte a seus filhos histórias de pessoas que tenham mudado o mundo através de atos heróicos e de pequenas atitudes. Use exemplos de grandes líderes históricos (Gandhi, Nelson Mandela, Rosa Parks, etc.), mas não esqueça das experiências das pessoas comuns que você mesmo testemunhou ao longo da vida.
- Junte-se a outras famílias em projetos comunitários. Quando nos juntamos a um grupo para limpar uma praça ou para clamar por mudanças no sistema escolar local, estamos unindo as forças em prol de uma causa – o isolamento é irmão da desesperança. Em minha vizinhança, as famílias se reúnem todos os anos durante os feriados para montar caixas de presentes para as crianças que vivem num orfanato. As crianças não só se juntaram a nós nesse projeto como adoram participar de passeatas, comícios e

reuniões públicas. Chegaram a confessar ter se sentido mais seguras e otimistas, pois, mesmo que a vitória não seja imediata, sabem que fazem parte de algo maior que eles mesmos e que milhares de outras pessoas compartilham os mesmos valores e opiniões. Assim sendo, envolva-se com a melhoria de sua comunidade ou com algum problema que preocupa seus filhos.

- Sempre que possível, verifique os resultados dos esforços feitos por seus filhos. Quantas famílias a mais recente campanha por alimentos ajudou a alimentar? Existem dados sobre a saúde do riacho que seus vizinhos limpam várias vezes por ano? A ONG Centro para um Novo Sonho Americano possui um programa de ação ambiental on-line (www.newdream.org) que acompanha a quantidade de energia, água e árvores que são poupadas ao mudar os hábitos de consumo dentro de casa. Crianças gostam de respostas imediatas, por isso é importante mostrar que elas fizeram algo significativo e de valor inestimável.

Deixe que comece comigo

Desde que o World Trade Center foi derrubado por aviões pilotados por terroristas, o mundo está menos estável. Os conflitos religiosos têm crescido e a economia global sentiu o impacto. Como temos reagido a esse clima de medo? Não acredito em soluções imediatas, mas, como muitas crianças escreveram sobre a necessidade de parar a violência, seja em suas comunidades ou num nível global, ofereço aqui algumas sugestões para que a família estimule a reflexão e aprenda a lidar com esse tema:

- Use dados da ONU e do Banco Mundial para explicar que a pobreza e o sofrimento humano são as duas maiores causas da violência e da injustiça no mundo, e que uma das formas mais poderosas de reduzir a guerra e o terrorismo é promover uma melhor distribuição de renda. Estimule seus filhos a dividir sua riqueza com os que têm menos, mostrando as implicações políticas dessa atitude e a diferença entre os dois tipos de destruição: a que está enraizada na estrutura mental de cada pessoa e a que está ligada à institucionalização da ambição e da injustiça.

- Ensine as crianças a avaliar os problemas do ponto de vista pessoal: o que traz paz para nossas vidas, em casa e na escola? É importante que elas percebam que algumas coisas tendem a ser tão importantes no nível mundial quanto no pessoal – justiça e divisão de oportunidades e recursos, por exemplo. Anastácia, 10 anos, teve uma idéia brilhante: "Quero adotar um cachorro abandonado e um gatinho de um abrigo e ensiná-los a nunca brigar."
- Incentive seus filhos a praticar os valores e as mudanças que desejam para o mundo e a resolver seus conflitos de maneira pacífica. Mostre a importância de fazer contato visual, sorrir, dizer "oi", principalmente para os colegas "impopulares", que precisam de amigos ou que estejam de alguma maneira solitários. A bondade é um ato de paz que acaba incentivando o mesmo sentimento no outro.
- Assuma publicamente seu ativismo político. Encoraje seus filhos a escreverem uma carta para o político em quem você votou falando sobre o desejo de paz mundial. Organize um comício de jovens pela paz, associe-se a uma organização ou participe de conferências sobre a não-violência. Dessa forma, você lhes repassa com orgulho sua herança de engajamento cívico.
- Agarre-se aos seus valores e crenças mais profundos, mesmo quando mudanças positivas parecerem idéias remotas. É preciso ter fé no potencial da força do amor que move o mundo.

Considere o pedido de Rachel, 10 anos: "*O que eu realmente quero que o dinheiro não compra é apenas um dia no qual um sorriso não seja uma raridade.* Nosso mundo está ficando ríspido demais. Não vemos muitas pessoas sorrindo ou acenando só para alegrar alguém. O melhor sobre o sorriso é que ele não custa nada, mas é uma das coisas mais valiosas deste mundo."

Luisa, 13 anos, fez uma abordagem semelhante: "O que eu realmente quero que o dinheiro não compra? Eu poderia dizer a paz mundial, o fim das guerras, das drogas, mas essas coisas são muito grandes; prefiro ser capaz de fazer uma criança retribuir o meu sorriso, não devido à minha aparência ou ao lugar de onde venho... Sorrir é algo tão pequeno, mas, se alguém sorri de volta, você se sente um pouco tolo, porém feliz. É o melhor sorriso, pois não tem nenhum motivo especial... Talvez, um dia, o mundo sorria de volta para mim."

- Ajude seus filhos a entrar em contato com outras crianças igualmente engajadas. Essa é uma excelente maneira de conhecer a vida de alguém que more numa região de conflito ou de extrema carência. Várias organizações não-governamentais podem providenciar o contato inicial.
- Ensine seus filhos a escolher uma carreira que permita fazer do mundo um lugar melhor. O *Washington Post* relatou recentemente que 32% dos universitários americanos estão mais interessados em carreiras no serviço público do que há um ano.
- Seja um modelo para seus filhos, assumindo a defesa de causas nas quais acredita, seja a solução de um conflito curricular na escola seja defendendo o desarmamento global. Mostre como fazer a conexão entre suas próprias experiências e o que acontece no mundo em geral.

Costumamos questionar nossa habilidade de solucionar os complexos problemas do mundo e acabamos nos retirando do "campo de batalha" por acreditar que somos incapazes de lidar com tantas responsabilidades. Levando em consideração a escala e o alcance dos problemas, esse recuo é compreensível, mas a falta de ação alimenta o cinismo e a depressão em relação ao futuro, o que acaba nos empurrando para o materialismo. Não é o caso dos jovens que fazem trabalhos voluntários. Segundo o Instituto Search, o voluntariado melhora a auto-estima e pesquisas realizadas mostram que 50% dos jovens envolvidos em projetos desse tipo têm mais chances de levar vidas saudáveis e livres de drogas.

Nossos filhos desejam experimentar a esperança e a alegria sobre o que o amanhã poderá trazer. Assim sendo, não se esqueça de valorizar notícias positivas, como o crescente número de crianças alfabetizadas, o lançamento de produtos que não causam danos ao ambiente (de café a carros elétricos), a preocupação dos governos com o aumento do buraco na camada de ozônio e a mobilização da comunidade internacional para perdoar dívidas e oferecer maior ajuda às nações pobres.

Vale a pena lembrar que a maioria das grandes mudanças ocorridas na história começou com um pequeno grupo de pessoas altamente motivadas. Sem dúvida, isso é algo que todos os pais podem fazer por seus filhos – incentivá-los a colocar em ação seus instintos positivos.

Capítulo 9

Aceitação e respeito

"Tudo o que eu mais queria é que minha família e meus amigos me amassem e me aceitassem pelo que sou, não pela minha aparência nem pelo que possuo. Só quero que me amem por mim mesma."

Adélia, 13 anos

Todos os seres humanos têm uma forte necessidade de serem aceitos pelo grupo. Crianças e adolescentes, em especial, precisam disso para desenvolver a autoconfiança e sentir que são amados e respeitados. Infelizmente, a força da propaganda e do marketing explora essa carência de maneira cruel, gerando enormes prejuízos para nossos filhos.

A maioria das cartas enviadas para o concurso promovido pela ONG Centro para um Novo Sonho Americano mostra que os jovens querem um mundo que os valorize pelo que são – e não por sua aparência ou pela marca dos produtos que conseguem comprar. Numa pesquisa de 2001, da *American Demographics*, que estuda as atitudes dos jovens de 7 a 17 anos quanto à popularidade e aos hábitos de consumo, uma declaração resume o sentimento geral, afirmando que "tudo é julgado por quanto custou, como fica em você, quando e onde você comprou".

Embora a cultura adolescente dê uma importância extraordinária às aparências, os jovens anseiam por sentimentos *autênticos* de poder e reconhecimento que envolvam conquistas, talento ou caráter. Eles gostam de rotular uns aos outros como *nerds*, sarados, pitbulls, "patricinhas" ou "mauricinhos", e a maioria sente-se pressionada a vestir-se, falar e agir de maneiras extremamente específicas – normas que são com freqüência definidas e reforçadas pela mídia.

Veja como Tori, 12 anos, descreveu essa experiência: "*O que eu quero que o dinheiro não compra é que todos sejam tratados igualmente.* Hoje em dia você é ridicularizado se comprar alguma coisa numa loja popular, e isso não está certo. Não quero ser tratada de maneira diferente só porque não uso roupas caras e de marcas famosas."

Estar feliz consigo mesmo

Muitas crianças também escreveram sobre o desejo de ter amor-próprio e auto-estima. Emily, 13 anos, definiu essa sensação da seguinte maneira: "A coisa que eu mais quero que o dinheiro não compra é estar feliz comigo mesma. Não quero me preocupar em ser supermagra, em usar as roupas certas e em andar com os colegas 'populares' para ser considerada 'maneira'. Houve um tempo em que eu também fiquei mal porque não me achava magra o bastante e não andava com o grupo certo. Mas, então, pensei: por que deveria viver de acordo com as expectativas dos outros? Decidi que não quero ser moldada como uma boneca só para agradar os outros."

Amy, 16 anos, enxerga o problema de forma semelhante: "O que eu realmente quero e nem mesmo o dinheiro de Bill Gates pode comprar é uma auto-estima saudável, respeito pelo outro e motivação para conseguir ambos... A maioria das pessoas tende a pensar que sua auto-estima seria revigorada se tivesse um corpo de modelo e se namorasse o garoto ou a garota de seus sonhos. Eu quero olhar para o meu reflexo e enxergar apenas felicidade e segurança em vez das imperfeições físicas. Tornar-se e manter-se motivado para amar a si mesmo e aos outros é um trabalho árduo."

Kevin, 17 anos, concorda que o amor-próprio é o problema principal: "Acredito que o que os jovens mais precisam em suas vidas é de amor-próprio. Ele pode afetar as decisões que você toma e as coisas que você faz. Acredito que, se uma pessoa não se respeita, acaba permitindo que os outros dominem sua vida e lhe digam o que fazer. É como se ela fosse incapaz de defender suas próprias idéias e crenças. Quando caminho pelos corredores da escola, posso sentir quem respeita a si mesmo... Acho que quem não tem respeito pelo seu eu verdadeiro não tem nada."

Sentindo-se aceito e valorizado pelos outros

Muitos participantes de nosso concurso revelaram experiências pessoais dolorosas de rejeição social e de baixa auto-estima. Serena, 15 anos, escreveu: "Não seria maravilhoso se as pessoas pudessem simplesmente aceitar a si mesmas como elas são? O mundo ficaria livre dos transtornos alimentares e as dietas para emagrecer seriam sempre prescritas por médicos. As nuvens negras da depressão dariam lugar ao brilho do sol e ninguém se suicidaria... Há pouco tempo eu venci minha batalha pessoal contra a anorexia e estou muito feliz, mas sofro ao ver minhas amigas começarem a percorrer a mesma estrada porque acham seus corpos 'imperfeitos'. Às vezes, uma delas começa a namorar e decide que não precisa mais fazer regime para emagrecer, o que é ótimo. O mundo seria um lugar muito melhor se todo mundo estivesse feliz consigo mesmo."

Sei que tenho valor

Alguns jovens, como Sarah, 15 anos, são extremamente conscientes da luta que travam pela auto-aceitação: "Quando entro no estúdio de balé, ouço minhas amigas magérrimas reclamando: 'Estou me sentindo tão gorda...' Elas se colocam diante do espelho e examinam suas barrigas e coxas com olhos moldados por namorados, pais e pela mídia, que lhes disseram que elas não são boas o bastante. No dia seguinte, na aula sobre saúde, ouço o professor falar sobre distúrbios alimentares como anorexia e bulimia; eu sei que isso mata. Embora tenha vergonha de admitir, lá no fundo eu adoraria ter segurança para me envolver nisso – afinal, eu daria qualquer coisa para alcançar o que a sociedade declara ser belo. Mais tarde, vi uns rapazes quase se matando para levantar halteres. Enquanto gemiam e suavam para queimar as gorduras, eles pensavam: 'Se eu fizer meu corpo doer só mais um pouquinho, talvez ela goste de mim. E, então, meus amigos vão achar que sou macho e meu pai vai acreditar que sou homem.' Então, vou para casa: chegou ao fim mais um dia da constante luta pela afirmação da minha individualidade, para amar meu corpo pelo que ele é e para convencer a mim mesma de que o que vale é a beleza interior. Lá no fundo, sei que tenho valor, sou inteligente, bondosa e uma boa ouvinte, mas tudo ao meu redor me diz que o que realmente importa é a aparência. *O que eu quero que o dinheiro não compra é um mundo onde todo mundo saiba que tem valor.*"

O problema com o "popular" e o "maneiro"

A dinâmica social do início da adolescência pode destruir aqueles que não têm uma auto-imagem positiva. Um estudo feito pelos psicólogos da Universidade Hofstra revelou que todos passaram pela experiência de receber apelidos maldosos de colegas. Isso significa que precisaram lidar com sentimentos de humilhação, rejeição e menosprezo. O problema é que a pressão para se tornarem "maneiros" exacerba as tensões normais do desenvolvimento, levando as crianças a um dilema: ou aceitam normas muito específicas ou enfrentam a rejeição e o desdém.

Sua luta por aceitação e respeito é particularmente complexa também pelo fato de que seus corpos estão mudando e as emoções estão à flor da pele. Isso pode levar os jovens a um comportamento cruel e sujeito a agressões físicas, verbais e emocionais. Patrick, 11 anos, já viveu essa experiência: "Uma coisa que eu realmente quero que o dinheiro não compra é que as pessoas tratem umas às outras de maneira amigável e justa... Em minha escola, infelizmente, eu era considerado um perdedor, o que me tornava um alvo perfeito. Nunca descobri qual era a diferença entre um 'perdedor' e um 'vencedor', mas fato é que 'a turma do hóquei' se considerava importante e popular e, por isso, se achava no direito de dar ordens e de se sentir superior. O que eu queria é que todos os que abusam dos colegas sintam na pele como essas pessoas se sentem nessa situação. Se isso acontecesse, talvez eles parassem de agir assim."

Karen, 9 anos, já esteve do outro lado e se arrependeu: "O que eu quero que o dinheiro não compra? Que os garotos 'maneiros' parem de implicar com os mais indefesos. Depois que li o livro sobre Helen Keller e vi como as crianças zombavam dela porque era cega e surda, meu coração ficou partido. Percebi que eu fazia a mesma coisa, embora no fundo soubesse que não estava certo, e fico feliz por ter parado. Em minha escola, até as crianças que precisam de cuidados especiais porque têm síndrome de Down ou outros problemas são ridicularizadas pelos alunos da terceira, quarta e quinta séries. Minha amiga Lauren, alguns outros amigos e eu tentamos fazer com que parem de fazer isso."

Poucas crianças pertencentes a minorias raciais e étnicas escapam da ansiedade gerada pelo sentimento de exclusão do grupo dominante. Veja a carta de Jim, 17 anos: "Eu gostaria de ter a chance de ver o dia em que pessoas de diferentes cores sejam amigas sem as confusões que parecem acompanhar essa circunstância. O dia em que várias raças vivam juntas com um objetivo comum, que é fazer desse mundo o melhor lugar para se viver. O dia em que um ser humano veja o outro como um potencial amigo e não como um alvo. O dia em que as pessoas sejam julgadas por sua personalidade e não por sua aparência."

O que os pais podem fazer?

Os pais desempenham um papel importante na passagem entre a infância e a adolescência de seus filhos. Muitos querem saber se as crianças estão se ajustando ao grupo, quem são seus novos amigos e se estão se sentindo confiantes. Outros membros da família, vizinhos e professores também desempenham papéis coadjuvantes nesse processo.

Demonstre o seu amor

O primeiro passo é o mais óbvio: ame seus filhos de maneira incondicional – no sucesso e no fracasso. O psicólogo Alan Davidson observou, no livro *Como ser bons pais e criar ótimos filhos*, que, "para as crianças se sentirem bem consigo mesmas, primeiramente os pais precisam sentir-se bem consigo mesmos".

Um grande desafio é a expectativa contraditória que os próprios pais cultivam – ao mesmo tempo em que sonham alto, com filhos muito bem-sucedidos na vida, também desejam que eles gostem de si mesmos do jeito que são. Ou seja, como nem todos podem se tornar o número um, os pais precisam apreciar as pequenas conquistas do dia-a-dia e os esforços que eles fazem para se tornar independentes, além de oferecer encorajamento, principalmente quando estiverem numa má fase. Ainda que não possam resolver os sentimentos de rejeição e de falta de autoconfiança, o seu amor ajuda a manter as crianças ancoradas em meio às tempestades sociais.

Erika, 14 anos, resumiu com propriedade essa questão: "*O que eu quero que o dinheiro não compra é o amor incondicional.* Preciso saber que, aconteça o que acontecer, por piores que sejam as minhas notas, continuarei sendo amada." Joe, 15 anos, sonha com o amor incondicional: "Alguém que esteja disposto a estar ao meu lado, mesmo quando faço opções erradas na vida. Alguém que seja bondoso, atencioso e que não minta para mim."

Diferencie popularidade de amizade verdadeira

É responsabilidade dos pais explicar aos filhos qual é a diferença entre popularidade e amizade. Do ponto de vista deles, ser popular significa ser "alguém", enquanto ser ignorado ou rejeitado o classifica automaticamente como um "ninguém". De acordo com uma pesquisa da Universidade Duke, somente 15% das crianças são consideradas populares nas escolas, embora muitas outras, consideradas normais, estejam a salvo de chacotas e zombarias.

A popularidade é enganadora, mas toda criança deseja tê-la – embora a amizade seja o que realmente precisem. Christopher, 13 anos, descobriu isso da forma mais difícil: "Eu sei como é estar do outro lado, ser considerado um 'bobalhão', um 'panaca', por isso faria praticamente qualquer coisa para que alguém do grupo dos populares me dissesse 'oi', olhasse para mim, demonstrasse notar minha existência. A vida fica sem graça e idiota se você não tem ninguém para contar 'o que aconteceu na hora do almoço' ou 'o que fez nas férias'. Muita gente se sente tão rejeitada que busca conforto na bebida, nas drogas, até no suicídio. A única maneira de ser aceito de verdade é ter autoconfiança e parar de se preocupar com o que os outros podem dizer de você. Eu costumava ser rejeitado, mas hoje vivo feliz com meus amigos."

Malinda, 14 anos, também só se preocupa em ser aceita pelo grupo: "*O que eu mais quero no mundo que o dinheiro não compra é sentir que faço parte de um grupo.* Ser capaz de viver e dividir com alguém os momentos inesquecíveis me faz sentir importante. Tirando a família, que sempre foi e sempre será minha fonte de apoio, é difícil encontrar amigos que me proporcionem o mesmo sentimento. Se não 'pertencer' a um grupo, sinto-me sozinha e enciumada de todos os que têm amigos."

Converse sobre o assunto

A comunicação entre pais e filhos é a base de tudo. Tente

descobrir onde o seu filho se encaixa em seu ambiente social, preste atenção nos detalhes para tentar entender o que realmente está acontecendo: converse com os professores, observe-o na companhia de outras crianças, verifique se ele tem amigos e se recebe telefonemas.

Se ele foi alvo de ofensas, humilhações verbais e rejeições, é normal que se sinta preterido e isolado. Aproveite para contar os problemas que você enfrentou quando tinha a idade dele, fale sobre a falta de confiabilidade das chamadas "panelinhas" e sobre a importância de procurar colegas com interesses e valores semelhantes. Dividir com seus filhos as suas experiências é essencial para ajudá-los a entender que existe uma luz no fim do túnel de sua vida social.

Às vezes, a contribuição mais eficaz vem de um amigo mais velho ou alguém que seu filho considere uma pessoa "legal" e "maneira". Tive essa experiência em casa, quando minha filha estava passando por uma fase de dúvidas em relação a si mesma, tentando se encaixar no grupo e lutando para encontrar uma boa amiga. Uma colega mais velha contou como tudo aconteceu com ela e isso a tranqüilizou. Nada que eu pudesse ter dito seria melhor que o testemunho de alguém que acabara de viver o drama e que indicasse a solução. Minha filha recebeu esse estímulo por acaso, mas, se eu soubesse o quanto isso seria eficaz, teria tentado forçar essa circunstância.

Ensine a autoconfiança e a perseverança

Algumas vezes, ficamos tão ansiosos em relação aos nossos filhos que os mimamos e protegemos em excesso. Essa postura é adotada com as melhores intenções, mas raramente resulta numa criança feliz e com elevada auto-estima. O respeito e o sentimento de amor-próprio exigem mais do que o amor dos pais – eles precisam ser conquistados.

Talvez nos preocupemos demais por causa da alta competitividade que permeia a infância moderna, ou porque estejamos focados demais nos resultados dos esforços de nossos filhos e não em ajudá-los a desenvolver ferramentas de persistência, perseverança e determinação – características desenvolvidas geralmente após situações de erro ou rejeição.

Vencer um desafio ou alcançar um objetivo são situações que inspiram orgulho, confiança e amor-próprio. Para Megan, 15 anos, isso se traduz em ser a melhor nadadora que puder: "Imagine as arquibancadas repletas de fãs gritando e me encorajando a continuar. É a última volta e estou empatada com outra nadadora. Cada milímetro do meu corpo dói, mas reúno toda a minha força interior e venço a prova por um segundo. A única maneira de vencer aquela prova é treinando muitas e muitas horas seguidas. Sei que pode ser duro, mas a alegria de saber que fiz tudo isso sozinha vale a pena... Eu prefiro perder a competição tendo dado tudo de mim a vencer sem ter feito nenhum esforço."

Beatriz, 12 anos, encontrou a mesma satisfação ao aprimorar suas habilidades no hipismo: "Persistência não se compra na loja, não se pede emprestada nem se encomenda por catálogo... bem que queria ter uma boa dose dela guardada num pote, ou algo assim. Eu poderia bebê-la e, num passe de mágica, me sentiria invencível em meus pensamentos e atitudes. Embora todos digam que tenho um dom especial para a equitação, não chegarei a nenhum lugar se não for persistente em meus treinamentos. Preciso empregar meu tempo com sabedoria, tirando vantagem das oportunidades que surgirem e de minha própria sorte. Se eu não me mantiver focada em meus objetivos, meus sonhos não se tornarão realidade."

O segredo para ajudar seus filhos a entenderem que o sucesso é um objetivo plenamente alcançável está na definição que você dá à palavra realização. Vale a pena encorajá-los a buscar a excelência mesmo na mais modesta das tarefas? Com certeza.

Elogie sua persistência, técnica e esforço, assim como suas realizações em atividades atléticas, artísticas, comunitárias ou acadêmicas. As pequenas conquistas os convencerão de que são capazes de fazer bem qualquer coisa.

Mas não esqueça que é preciso lidar de forma pragmática com as inevitáveis frustrações – nada de simplesmente desistir quando as dificuldades surgirem. É preciso aprender a subir e a cair para conseguir progredir em direção aos seus objetivos pessoais. Estimule a leitura de livros com histórias de vencedores como Helen Keller ou Albert Eistein, entre outros.

Aumente a liberdade e a responsabilidade

Crianças em desenvolvimento querem sempre mais autonomia, mas esquecem que a liberdade precisa andar de mãos dadas com uma responsabilidade também cada vez maior. Num mundo complexo como o nosso, há duas tendências conflitantes a serem consideradas: a superproteção e a exigência exagerada desde muito cedo.

Eu sei que esses impulsos contraditórios – "Proteja as crianças, o mundo não é seguro" versus "Prepare seus filhos, o mundo não é seguro" – são uma reação normal diante do caos em que vivemos e, é claro, do amor profundo que sentimos por nossos filhos. Mas a preocupação extrema acaba levando à superproteção, impedindo que enfrentem as inevitáveis decepções.

Quando intervimos para evitar que nossos filhos cometam seus próprios erros, estamos minando suas oportunidades de crescimento, de independência e de amor-próprio – nessa situação, eles podem se sentir temerosos, desestimulados e exaustos, pois o exagero atrapalha o processo de amadurecimento e de conquista da autoconfiança que eles afirmam querer ter. O pior efeito colateral, no entanto, é que essa atitude superprotetora gera pessoas cheias de vontade, voluntariosas, como revelou uma pesquisa recente da Time/CNN, em que 68% dos pais admitem que seus filhos são "muito" ou "um pouco" mimados.

Uma estratégia que contrabalança essa tendência é fazer com que se sintam amados. Para isso, envolva-os em algumas tarefas domésticas, que você irá aumentando à medida que forem ficando mais velhos. Acredite: participar da faxina da casa ou da elaboração da refeição de domingo desenvolve o amor-próprio e estimula na criança a sensação de ser parte de uma equipe. Não esqueça de fazer comentários positivos sobre seu desempenho.

As crianças precisam sentir-se úteis (e não precisamos todos?), por isso deixe que saibam que você também depende delas – dê-lhes a oportunidade de mostrar que são dignas de confiança.

Saiba ceder algumas vezes

Seus filhos podem ouvir e compreender bem suas ponderações, podem saber que são amados e respeitados e, mesmo assim, sucumbir à pressão consumista que tomou conta de todos os aspectos da cultura adolescente. Essa pressão é real, não a ignore.

"O sinal toca e, de repente, os corredores ficam lotados. Enquanto tento atravessar o mar de pessoas para chegar ao meu destino, minha próxima sala de aula, vejo o aluno novo mostrando sua mochila Nike aos outros meninos. No fim do corredor, observo uma garota exibindo sua jaqueta da Banana Republic para as outras meninas deslumbradas. Algumas ficam se olhando no espelho, maquiando-se e verificando se estão bem. Acho que a preocupação com a aparência é exagerada. A adolescência é uma época cheia de preocupações com a aparência, estresse escolar, competições de popularidade, pressão dos colegas... Mas não é só isso – hoje em dia até a escola que a gente freqüenta conta para nossa imagem. Quando digo onde estudo (High School 189), logo as pessoas pensam que sou uma má pessoa. A razão é simples: acontecem coisas ruins em minha escola, mas ninguém conhece as coisas boas que também acontecem lá. Existe também uma pressão enorme para decidir qual faculdade quero fazer no futuro. E se não conseguir entrar, o que vou fazer? Será que todos vão me achar ignorante? Meus pais não sabem o que eu quero. Às vezes um amigo me convida para ir ao shopping, mas eles não deixam e eu fico em meu quarto... Já fiquei sem falar com eles durante uma semana. Sei que estou na época de aprender sobre mim mesmo, mas gostaria de poder fazer isso sem ter de enfrentar concursos de popularidade e o estresse diário de um adolescente..."

Edson, 12 anos

Quando o estresse fica extremamente alto, pais e filhos precisam chegar a um acordo. Não é fácil lidar com provocações, apelidos, exclusão e, muitas vezes, abusos. Então, não adianta encher as crianças de amor, elogios e oportunidades de independência – ainda assim, talvez elas precisem de auxílio para se adequar.

Dificuldades para obter a aparência certa, por exemplo, podem exigir algumas concessões de sua parte, inclusive a aquisição de algo que você considera supérfluo. Não se trata de tentar "comprar" a popularidade de seu filho, mas de facilitar sua vida, fazê-lo sentir-se à vontade. Só não caia na tentação de sair adquirindo todos os produtos de marcas famosas que os colegas dele têm e ele acha que *precisa* possuir. Esse é o grande desafio: ajudá-lo a se encaixar no grupo sem "comprar" seu bilhete de entrada.

É claro que, se os sinais de depressão, isolamento e raiva persistirem, não será uma simples ida ao shopping que resolverá o problema. Sentimentos de baixa auto-estima são motivos de preocupação. Se seu filho está sendo rejeitado por todo o grupo, converse com o orientador escolar, os professores e, por que não, com os vizinhos. Um relatório feito por John Vasconcellos, membro da Assembléia Legislativa da Califórnia, concluiu que "a auto-estima é algo que nos dá o poder de viver com responsabilidade e que nos protege contra a sedução do crime, a violência, o abuso de drogas e o fracasso escolar".

Muitos afirmam que a causa central da violência em nossa sociedade está enraizada nos sentimentos de isolamento e rejeição social. Um estudo realizado pelo departamento de polícia de Los Angeles associa sentimentos de desrespeito à crescente atividade das gangues que se formam nas escolas por todo o país.

Espere por tempos difíceis

A turbulência costuma ser maior no início da adolescência, mas ela não pára conforme se dá o amadurecimento. O desafio dos pais é dar independência aos filhos e, ao mesmo tempo, mantê-los emocionalmente ligados à família. Isso faz parte do estágio natural de desenvolvimento, embora hoje em dia tenha se tornado também um embate cultural. Antecipar as dificuldades e a busca do adolescente por uma identidade autêntica é uma atitude que pode ajudar. Conversar sobre o assunto e saber que ele será vencido pode ser de grande ajuda para atravessar esse período difícil. Em seu livro *O resgate de Ofélia*, a renomada terapeuta familiar Mary Pipher escreveu sobre a ansiedade que acomete adolescentes em todo o mundo: "Não é uma doença fatal, mas uma anormalidade psíquica aguda que desaparece com o passar do tempo. Enquanto ela estiver em curso, ninguém parece ser forte."

Saber que me encaixo

"O que eu sempre quis que o dinheiro não compra é o entendimento de quem eu sou e onde me encaixo. No instante em que pisei pela primeira vez na sala do jardim-de-infância, percebi que eu era diferente e comecei a chorar. Minha dificuldade com a língua inglesa quase me levou à reprovação nos primeiros anos escolares, mas a confiança de meus pais me ajudou a vencer meus problemas. O inglês não era falado em minha casa e todas as minhas roupas vinham da Europa. Enquanto os outros contavam sobre suas férias na Disneylândia, eu falava sobre o meu verão em Portugal. Eu sonhava em mudar de nome e esquecer minhas raízes portuguesas, mas, à medida que fui crescendo, minha visão mudou. Percebi as vantagens de dominar uma segunda língua e o prazer de viajar, que permite a compreensão dos diferentes modos de vida que existem pelo mundo. Eu era uma das poucas pessoas que entendiam que os Estados Unidos não eram o centro do mundo. Finalmente, minha origem diferente era um bem precioso e não um fardo. As pessoas me cumprimentavam pelo meu nome e invejavam o fato de eu ser fluente numa língua muito bonita."

Maria, 17 anos

Registre os ritos de passagem

Reconhecer de maneira formal a transição para a vida adulta – ou pelo menos seu início – é uma forma excelente de reforçar a auto-estima e a autoconfiança, além da aceitação numa comunidade mais ampla. Eu não sou descendente de judeus, mas aprecio muito as cerimônias judaicas que dão às crianças a chance de estudar e refletir sobre os temas importantes e de estar cercadas de membros da comunidade, sendo apoiadas por eles e confirmadas pelos mais velhos e pelos colegas. É uma celebração da passagem do mundo infantil para o adulto.

Todas as crianças desejam o amor e a aprovação daqueles a quem mais amam. Marcelo, 11 anos, confirma essa afirmação: "A coisa que eu mais quero que o dinheiro não compra é o amor. Amor de minha família e das pessoas que me conhecem. Quero ser considerado confiável e ser bem conhecido pela bondade do meu coração. Quero que minha família me ame pelo que sou e pelas minhas atitudes."

Conecte seus filhos a algo maior do que eles mesmos

Quando seu filho decide embarcar numa jornada espiritual ou se empenhar em tornar o mundo um lugar melhor, ele está construindo o respeito por si mesmo e conquistando a aprovação do grupo. O comportamento altruísta é um verdadeiro antídoto para casos de baixa auto-estima.

"Quero um mundo onde eu possa ser eu mesmo. Bem cedo aprendemos que, se não nos vestirmos e falarmos de determinada maneira, se não tivermos determinados maneirismos, não poderemos ser amigos dos garotos mais 'populares'. Se não somos bons em algum esporte, se não tiramos boas notas e se não conseguimos entrar nas universidades 'certas', somos vistos como fracassados por nossos treinadores e professores e, muitas vezes, até por nossos próprios pais. Se um sujeito não é atlético e bonito e se as meninas não são magras e belas como exigem os comerciais da televisão, logo começam a se sentir pessoas sem valor...

Não vou entrar nesse jogo e fingir que sou o que não sou. Não quero viver numa sociedade que nos diz quem precisamos ser e como devemos agir se quisermos ter sucesso. Ponto principal: não quero ter de cometer um suicídio emocional e psicológico para ser considerado bem-sucedido. Só quero viver num mundo onde a consciência de nosso 'eu interior' é o que nos faz realmente felizes. Somente quando sabemos quem somos e o que nos faz vibrar, podemos começar a escalada de dentro para fora. E é isso o que eu quero para todos: que as pessoas sejam o melhor que puderem ser, vivendo felizes, em harmonia com a criação que nos rodeia e, de preferência, fazendo uma diferença positiva na vida do outro. Eu só quero ser eu mesmo. Na terra da liberdade, será que isso é pedir demais?"

Jason, 13 anos

Capítulo 10
Saúde

"O que eu realmente quero que o dinheiro não compra é ter sempre saúde e energia. Eu poderia brincar todos os dias e ir à escola para ter uma boa instrução, e não ficaria doente com freqüência."
Nicolas, 8 anos

As crianças costumam achar que são invulneráveis e que suas vidas são eternas, embora um surpreendente número de trabalhos enviados tenha expressado preocupações relativas a saúde, cigarros, drogas e álcool. Sua inquietação faz sentido, especialmente quando se consultam os resultados das pesquisas: após alguns anos de declínio, o uso de drogas ilícitas, como maconha, alucinógenos e heroína, vem crescendo a passos largos entre os adolescentes.

Um estudo da Universidade de Harvard relatou que crianças de apenas 9 anos estão começando a fumar cigarros numa tentativa de controlar o peso – dá para acreditar? A obsessão pelo corpo perfeito faz com que 81% das crianças de 10 anos tenham medo de ser gordas, sendo que mais da metade das meninas afirmam sentir-se melhor consigo mesmas quando estão fazendo algum regime para emagrecer. Ironicamente, os índices de distúrbios alimentares também estão em alta, afetando cerca de oito milhões de americanos a cada ano.

Há alguns pontos positivos, inclusive a diminuição do número de adolescentes grávidas, mas é preciso considerar que a atividade sexual está começando cada vez mais cedo e que houve um aumento no número de acidentes automobilísticos relacionados ao consumo de álcool por adolescentes.

Os pais podem ajudar seus filhos ainda pequenos a ter uma vida mais saudável, apesar de a incidência de asma e alergia infantis ter aumentado dramaticamente, fenômeno que os médicos atribuem a fatores ambientais. Este capítulo trás dicas valiosas para ajudá-lo a analisar os hábitos, seus e de seus filhos, de alimentação, de atividade física, e até o número de horas de sono, assim como os vícios, inclusive cigarros, drogas e álcool, e para ensiná-lo a adquirir um estilo de vida saudável.

A importância de começar da maneira certa

"O dinheiro pode comprar a comida de que você precisa, mas não pode comprar uma saúde perfeita. Se você fuma ou se embebeda, deve tentar parar antes de destruir sua saúde, pois sem ela não se pode viver. Todo o dinheiro do mundo não consegue curar o câncer de pulmão, e você não pode desfazer o mal que resulta de um acidente causado pela bebida. Se tiver vigor, pode correr e divertir-se fazendo muitas coisas. Por isso, não esqueça que o dinheiro não compra a boa saúde – sem ela, de que adianta ter dinheiro?"

Gillian, 12 anos

Muitos dos problemas de saúde enfrentados por crianças e adultos são os resultados de uma alimentação desbalanceada. Como o tempo é limitado e o estresse (a maior causa de excesso de comida) epidêmico, os quilos indesejáveis se acumulam. Temos pouco tempo para preparar a comida, por isso comemos as chamadas fast-food, alimentos altamente ricos em gorduras e pobres em nutrientes. Para completar, nosso tempo livre é dedicado a passatempos sedentários, ligados a produtos eletrônicos.

"Mais é melhor" é uma expressão que descreve bem o que aconteceu às porções de comida, ao tamanho dos copos de refrigerantes, pães, doces e pratos servidos em restaurantes americanos. E há evidências cada vez mais significantes de que milhões de pessoas estão comendo numa tentativa de satisfazer necessidades não-materiais – como a solidão, o desamor e a falta de um propósito na vida.

A obesidade infantil seguida de altas taxas de colesterol e diabetes, a porta de entrada para o desenvolvimento de uma série de doenças na idade adulta, tem crescido de maneira impressionante. A porcentagem de crianças com excesso de peso na faixa entre 6 e 11 anos quase dobrou desde 1970. As taxas de diabetes tipo 2, uma doença relacionada ao peso, cresceram mais de quatro vezes entre as crianças nos últimos 20 anos.

Para os adolescentes, as notícias são ainda piores, com taxas triplicando de 5 para 14%. E esses números continuam a crescer com o passar dos anos, pois metade dos americanos adultos está acima do peso, e um em cada quatro é obeso. A boa notícia é que você pode mudar esse panorama em prol da saúde física e mental de seus filhos, basta seguir as recomendações listadas neste livro. Conforme as necessidades não-materiais das crianças forem sendo satisfeitas, a probabilidade de que elas preencham o vazio com hábitos pouco saudáveis diminui.

Controlando nossos hábitos alimentares

Para que as crianças assumam a responsabilidade por sua própria nutrição, os pais precisam ser modelos de comportamento saudável – se não for o caso, reconheça suas deficiências e demonstre a intenção de mudar. As estatísticas do Departamento de Agricultura dos Estados Unidos mostram que a ingestão calórica diária total aumentou de 1.854 para 2.002 calorias nos últimos 20 anos. Esse aumento – 148 calorias/dia – significa, teoricamente, quase sete quilos extras anuais.

Aqui estão algumas estratégias básicas para você começar a caminhar na direção dos hábitos saudáveis:

- Nunca é tarde demais para estabelecer bons hábitos alimentares. A mudança pode ser feita através de uma nova abordagem nutricional ou de uma simples modificação do comportamento à mesa. Limite o açúcar e a gordura e maximize a atividade física. Para muitas crianças, pode ser mais fácil aceitar as novidades quando elas vêm junto com medidas para redução do estresse. Quando estamos exaustos, isolados ou deprimidos, é comum recorrermos à comida como fonte de conforto. Nossos filhos podem cair nessa mesma armadilha.
- Forneça uma dieta balanceada. Evite ao máximo os alimentos industrializados, os maiores causadores de doenças a longo prazo. Tente fazer o que todos sabemos que é certo: comer mais frutas e verduras, consumir grãos integrais, ingerir menos gorduras saturadas e mais óleos vegetais tipo extra-virgem, comer menos carne, farinha branca e açúcar. Os pais que trabalham fora podem recorrer aos inúmeros livros de culinária com receitas nutritivas, deliciosas e fáceis de preparar.
- Preste atenção às porções. Nada de rodízios, porções monstruosas e consumo livre de refrigerante. Pense por um instante no conceito de "tamanho família". O copo típico de refrigerante continha 250ml no final dos anos 1950, ao passo que hoje o tamanho "grande" chega a quase um litro. Quando você servir refeições para a sua família, comece com porções modestas e coma devagar.
- Deixe sempre à mão guloseimas saudáveis para quando as crianças chegarem do colégio. Pode parecer uma batalha inglória diante das pressões de delícias tradicionais como batata frita, biscoitos e salgadinhos, mas experimente ofe-

recer frutas, cenourinhas, iogurtes e uma bandeja de vegetais crus cortados em tirinhas, na geladeira. As chances de as crianças acabarem provando, e gostando, são grandes.

- Ensine seus filhos a serem consumidores responsáveis. Isso significa comprar comida orgânica (produzida em sua região, sempre que possível) e optar por mercadorias produzidas de maneira socialmente responsável. Como os conhecimentos científicos sobre o que é seguro estão sempre mudando, o melhor a fazer é investigar os ingredientes da tabela nutricional e as informações sobre data de fabricação e validade. Em geral, procure alimentos orgânicos e que tenham o selo de qualidade do órgão regulador.
- Observe o cardápio da merenda escolar de seus filhos. Em geral, os alimentos mais vendidos nas escolas dos Estados Unidos hoje em dia são batatas fritas, pizzas, hambúrgueres, salgadinhos e biscoitos. Os refrigerantes estão no topo da lista de bebidas vendidas nas escolas, numa quantidade muito maior do que sucos de frutas ou leite. Muitas escolas têm contratos com fabricantes de refrigerantes que incluem incentivos financeiros para as que *aumentarem* o consumo desses produtos. A epidemia de obesidade infantil só terá fim quando isso mudar. Os pais podem ser os agentes dessa revolução.
- Estimule seus filhos a fazer uma horta e convide-os a ajudar no preparo dos alimentos. É impressionante como as crianças não têm a mínima idéia de onde vem o que comem. A boa notícia é que elas tendem a querer comer aquilo que elas mesmas plantam.
- Cuidado com o culto à magreza obsessiva. Nada de incentivar as crianças a serem magras e a fazerem regimes, pois isso pode levar ao desenvolvimento de distúrbios alimentares graves. O objetivo de uma alimentação saudável é ter saúde, não ser magro.

- Pense nos *motivos* pelos quais comemos. Muito raramente a resposta é "porque estou com fome". Com freqüência, comer é apenas mais uma maneira de satisfazer uma carência emocional. O mesmo vale para cigarros, bebidas, drogas e sexo prematuro. Enfatizar a satisfação das necessidades não-materiais de forma saudável ajuda as crianças (e os adultos) a dizer não aos hábitos prejudiciais à saúde, inclusive ao excesso de comida.

Mexa-se

Os conselhos em relação aos exercícios são os de sempre: seja um exemplo para seus filhos, acompanhe o que está acontecendo na escola, mas não estimule a obsessão pela magreza a qualquer preço.

Os dados sobre sedentarismo infantil são desanimadores. Segundo a Nielsen Media Research, as crianças passam uma média de quatro horas por dia diante do aparelho de TV. Estamos criando uma geração de "tele-gorduchos". Num estudo publicado na revista médica *Journal of the American Medical Association*, os pesquisadores da Stanford University demonstraram a existência de uma correlação entre assistir à TV e engordar.

As escolas americanas diminuíram o número de aulas de educação física, sendo que muitas aboliram ou diminuíram o horário do recreio. O resultado é que as crianças estão se exercitando menos do que antes. Além disso, os times escolares tendem a ser altamente competitivos, o que funciona como um estímulo para algumas crianças, mas faz com que outras se afastem por não se sentirem confiantes.

Se esse for o caso, ajude seu filho a encontrar uma atividade esportiva que seja de seu agrado. O segredo é fazer com que os exercícios sejam divertidos – pode ser andar de bicicleta, caminhar, visitar parques, dançar ou qualquer outra atividade – e que possam ser feitos em conjunto, o que vai satisfazer o desejo deles de passar mais tempo ao seu lado.

Quanto mais eles descobrirem a alegria das atividades físicas, maiores serão as chances de que isso se torne um hábito para toda a vida. A longo prazo, eles precisam assumir a responsabilidade por sua própria saúde.

Vícios

Quando se trata de álcool, drogas e cigarros, não espere que as escolas cuidem disso por você. Elas até abordam o assunto em aulas e palestras, mas está provado que os pais são as maiores influências dos filhos. Assim sendo, não espere que cheguem à adolescência para fazê-lo – dê-lhes logo algum tipo de vacina psicológica (embora "doses de reforço" sejam sempre indicadas).

O que exatamente você vai abordar e como vai fazê-lo deve variar conforme a idade das crianças – o importante é começar cedo, pois elas tendem a observar o que os colegas mais velhos fazem, mas ainda conservam a mente aberta e são sensíveis às mensagens de figuras que representam autoridade.

Converse sobre o que é vício e o quanto ele é poderoso. Fale dos perigos potenciais, enfatize as precauções necessárias, mas evite falar em medos ou temores – crianças adoram experimentar coisas novas e toda essa conversa pode ativar sua curiosidade. Use exemplos de algum conhecido que tenha problemas ligados ao vício e que tenta parar de fumar ou beber. Isso ajuda as crianças a assimilarem a mensagem.

Amanda, 13 anos, conhece os perigos do cigarro por causa do hábito de seu avô: "Meu avô morreu com 61 anos, vítima de derrame e ataque do coração. Ele era diabético e fumou durante muitos anos. Os médicos diziam que ele era uma 'bomba-relógio ambulante'... Meu pai também fuma e não quero que ele tenha os mesmos problemas de saúde; quero meu pai vivo, ao meu lado, nos momentos especiais de minha vida."

Procure ajuda se tiver problemas com álcool, drogas ou cigarros. Mesmo que o caminho seja árduo, seus esforços terão um enorme significado na vida de seus filhos. Beata, 11 anos, escreveu: *"A coisa que eu mais quero que o dinheiro não compra é que meu irmão pare de fumar...* Não quero que ele tenha câncer de pulmão nem que morra jovem. Ouço na TV que é ainda mais perigoso para as pessoas que não fumam, mas vivem com alguém que fuma e são obrigadas a inalar a fumaça. A razão disso é que os fumantes usam um filtro nos cigarros, que absorve ou retém parte do veneno, e as pessoas que têm de inalar a fumaça respiram automaticamente os venenos do cigarro."

Anne, 9 anos, escreveu sobre a dolorosa experiência de ter parentes alcoólatras: "O que eu quero que o dinheiro não compra é que todo o álcool seja destruído e que nunca mais apareça no mundo. Minha tia morreu por causa do álcool. Fico triste por ela, mas todos os dias outras pessoas morrem por causa do álcool e eu ODEIO ISSO! Elas jogam dinheiro fora, magoam suas famílias e a si mesmas. Gostaria que isso acabasse, gostaria muito."

Sono

Ninguém está dormindo o suficiente. Uma pesquisa realizada pela Fundação Nacional do Sono revelou que grande parte dos americanos não consegue dormir as oito horas de sono recomendadas pelos médicos. Sem isso, o cansaço se instala e a saúde sofre. As crianças chegam da escola exaustas e os adolescentes, em especial, tendem a mergulhar no sofá sempre que têm chance.

Veja a solução indicada por Rossana, 12 anos: "Se as aulas começassem mais tarde, eu poderia dormir mais e me concentrar melhor porque estaria mais descansada e alerta no horário das aulas."

Experimente deixar que seus filhos durmam até mais tarde num sábado ou domingo e estimule-os a ir para a cama mais cedo. Quando sentir que estão muito cansados, mantenha-os em casa e deixe-os colocar o descanso em dia. Com cada vez mais deveres de casa e atividades e eventos programados, isso pode ser um desafio. Essa é mais uma das razões para analisarmos com cuidado todas as exigências que pesam sobre os ombros das crianças e começar a pensar em simplificá-las.

Segurança

Uma vida saudável pressupõe tomar algumas precauções relacionadas à segurança. Tornar a casa um lugar seguro para as crianças é uma tarefa simples, basta banir as sacolas de plástico e esconder os produtos de limpeza, venenos para baratas e ratos, medicamentos, tomadas, álcool, fósforos e armas.

Todos nós sabemos como é importante criar bons hábitos desde cedo e dar o exemplo através de nossas próprias atitudes. Por isso, quando estiver dirigindo, faça questão de usar cadeiras para crianças e cintos de segurança, e não esqueça o capacete para andar de bicicleta.

Para que as crianças possam assumir a responsabilidade por sua própria segurança, converse sobre como elas devem se comportar caso um estranho as aborde durante um passeio de bicicleta pelas redondezas ou uma ida ao shopping com os amigos. Esse tipo de bom senso é uma das habilidades que elas precisam desenvolver conforme vão amadurecendo, daí a importância de suas orientações. Não deixe de elogiar quando um filho decidir cancelar planos por causa de uma tempestade ameaçadora, quando regular os freios da bicicleta ou guardar brinquedos que contenham peças pequenas antes da visita de crianças menores.

Muitas crianças escreveram sobre seus próprios problemas de saúde, assim como os de seus parentes:

"O que eu realmente quero que o dinheiro não compra é que o câncer desapareça. Eu amava muito os meus avós, mas perdi ambos para o câncer. Eu queria que eles vissem todas as minhas conquistas. Sinto muitas saudades deles e queria que voltassem para a Terra."

Tim, 11 anos

"Espero que algum dia alguém encontre a cura do autismo. Dois de meus quatro irmãos mais novos são autistas... Fico muito triste quando penso que eles não podem conversar ou brincar normalmente. Algumas vezes fico imaginando se eles sabem que estou ali e que os amo muito."

Alana, 16 anos

"Sou asmática, sempre me senti diferente das outras crianças. Não posso brincar na aula de ginástica como meus colegas. Meu sonho é ficar curada."

Stephanie, 9 anos

"Venho lutando para me livrar de minhas alergias, mas todos os dias eu sinto enxaqueca, cansaço ou fico com o nariz entupido. Poder saber como é ser completamente saudável seria algo que eu gostaria de ter e que o dinheiro não compra."

Brian, 18 anos

Essas crianças nos fazem lembrar quanto a vida pode ser dolorosa. Mas não podemos evitar que nossos filhos testemunhem essa realidade, pelo menos não para sempre. Talvez o mais importante seja fazer com que eles se sintam protegidos e apoiados, e que consigam expressar suas próprias tristezas, dúvidas e emoções. Como bem disse Christine, 9 anos: "Espero que todas as pessoas que têm um problema físico possam ser curadas, pois não é justo que elas apenas sentem e fiquem observando enquanto os outros brincam. Elas deveriam poder brincar também."

Equilíbrio

Saúde e bem-estar estão geralmente condicionados a um processo de desaceleração do estresse diário e de estabelecimento de um ritmo de vida saudável. Com doenças como depressão e obesidade infantil já se tornando epidêmicas, é preciso investir em uma vida equilibrada. Faça – e estimule seus filhos a se juntarem a você – atividades físicas relaxantes como ioga, *aikido*, trekking ou ciclismo. Nossos corações podem ser aliviados e nossos corpos fortalecidos com uma boa dose de vida simples.

Capítulo 11

Abrigo da tempestade

"Se os garotos não forem atléticos e bonitos e se as meninas não forem magras e lindas como nos comerciais de TV, logo começamos a achar que eles não têm valor."
Jason, 13 anos

Educar filhos na cultura consumista atual é uma tarefa difícil. Vivemos soterrados por comerciais, cartazes de todos os formatos, logomarcas e propagandas inseridas na programação de rádio e TV. Como proteger as crianças e infundir-lhes valores positivos e pensamento crítico? Este capítulo examina e analisa o impacto negativo das forças que influenciam os valores e o comportamento infantil e aponta estratégias para pais que desejam oferecer aos filhos um abrigo contra essa avalanche publicitária.

A cultura do "quanto mais, melhor"

Ao mesmo tempo que incentivamos nossos filhos a valorizar as coisas que o dinheiro não compra, existe uma indústria multibilionária que os estimula a gastar indiscriminadamente, de sorvetes a relógios de marcas famosas. Essa percepção distorcida da realidade influencia os valores e o comportamento das crianças, fazendo com que percam coisas preciosas, como o contato com a família, os laços com a comunidade e com a natureza e o tempo livre para desenvolver a criatividade. "A propaganda está contribuindo enormemente para que as crianças acreditem que não podem ser felizes se não estiverem constantemente adquirindo mais e mais bens e serviços", segundo Allen Kanner, psicólogo do Instituto Wright, em Berkeley, Califórnia.

Os críticos advertem que isso pode estar contribuindo para o crescimento do estresse infantil, da hiperatividade, da obesidade, da fadiga crônica, da insônia e até do comportamento violento (uma intensa animosidade com os colegas, baseada em quem possui o quê e quanto). É o que Juliet Schor, autora de *The Overspent American* (O americano gastador), chama de modo de vida do ver, querer, pedir empréstimo, comprar, que encontra eco na fartura da sociedade americana e no interesse pelo estilo de vida extravagante das celebridades.

Como pais, devemos tomar consciência dos vários fatores que contribuem para a nossa cultura materialista, mas não há dúvida de que são mesmo o marketing e a propaganda os mais traiçoeiros.

Qual é o tamanho do problema?

Em nome da fidelização de uma marca, os publicitários cortejam abertamente as crianças, numa escala sem precedentes. Na verdade, o ataque começa logo que elas se tornam capazes de pedir um produto pelo nome, distinguir logomarcas de empresas ou cantar as músicas dos anúncios de TV ou rádio, o que acontece na faixa de 0 a 3 anos, *antes* que tenham idade para ir à escola ou que tenham deixado (definitivamente) as fraldas.

Também conhecida como marketing "do berço ao túmulo", essa estratégia costuma bombardear as crianças com um pacote de pelo menos 40 horas semanais de publicidade, a grande maioria focada em uma única fonte: a TV. O objetivo é claro: formar consumidores que acompanharão o produto, ou serviço, por toda a vida, garantindo muitos anos de lucros. Como estudos demonstram que, aos seis meses de idade, quando começam a balbuciar, os bebês também iniciam a formação de imagens mentais, os publicitários começam cedo.

Considerando que 99% das crianças americanas vivem numa casa com um ou mais aparelhos de TV, sendo que 15% têm acesso a quatro ou mais aparelhos e 24% das menores de 6 anos possuem aparelhos de TV em seus quartos, segundo dados de 1996, da publicação *Journal of Advertising Research*, elas assistem, em média, a 2h45min todos os dias. Aos 12 anos, esse número sobe para quatro horas por dia (o equivalente a dois meses por ano), sendo que a criança assiste, em média, a 30 mil comerciais televisivos por ano, o que dá uma média de 70 por dia.

A exposição exagerada e o fluxo constante de argumentos apresentados nos anúncios para vender felicidade abalam o espírito infantil de uma maneira singular e devastadora. Um estudo de 1991 mostrou que 91% das crianças de 6 anos sabiam identificar corretamente o personagem Joe Camel com os cigarros Camel. Professores da pré-escola relatam que seus alunos conhecem mais jingles comerciais do que canções infantis tradicionais. Uma amiga me falou do horror que sentiu ao assistir a uma festa escolar de sua filha de 3 anos, na qual o refrão mais repetido pelas crianças era: "McDonald's, McDonald's, Kentucky Fried Chicken e uma Pizza Hut!"

Não é de admirar que, numa pesquisa realizada pela Time/CNN, 71% dos pais desejem que as redes de TV diminuam os anúncios voltados para o público infantil e que os provedores da internet protejam as crianças das propagandas colocadas em salas de bate-papo e em sites de jogos e de música. Não por acaso, 31% das crianças de 10 a 17 anos relataram já ter visto um site pornográfico na internet, segundo pesquisa da National Public Radio.

Por que as propagandas voltadas para o público infantil cresceram tanto?

Como os publicitários visam basicamente ao lucro em tudo o que fazem e as crianças americanas são verdadeiras máquinas de gastar, a atração se torna irresistível. Mesadas, pequenos serviços (como tomar conta de outras crianças ou cortar a grama), presentes de Natal e de aniversário, tudo isso faz com que o pré-adolescente médio gaste US$ 600 por ano, quase tudo em artigos para si mesmo. A possibilidade de comprar via computador e o lançamento de cartões de crédito pré-pagos para os adolescentes estimulam essa tendência.

Não é de admirar que as empresas invistam tão fortemente na criação de anúncios dirigidos às crianças. É inegável sua enorme influência na decisão de compras dos pais no que se refere a guloseimas, refeições em restaurantes, férias e até mesmo automóveis – o que os profissionais da propaganda chamam de *nag factor* ou *pester power*, algo como o poder da insistência.

Estratégias para proteger seus filhos

Se você pretende proteger seus filhos dessa influência materialista, comece a colocar em prática as seguintes medidas: limite a exposição (principalmente à TV), ensine como funcionam as propagandas para evitar que sejam manipulados, ofereça alternativas positivas e junte-se a outros pais na luta para restringir os comerciais infantis em um nível mais amplo.

O primeiro passo é escolher um cômodo da casa e instalar lá o único aparelho da casa. Provavelmente seus filhos vão reclamar, mas vá em frente. Sugira vender os aparelhos extras e deixar que eles usem o dinheiro arrecadado em algo que lhes propicie um prazer mais duradouro: um violão, uma cesta para jogar basquete ou até um animal de estimação.

O próximo passo é decidir quanto tempo de TV todos acham suficiente e estabelecer a regra, seja uma hora por dia, dois programas por semana ou qualquer outra fórmula que pareça mais adequada para toda a família.

Há quem prefira agir de forma radical e simplesmente abdicar de ter TV em casa. Outros simplesmente cancelam a assinatura de TV a cabo, diminuindo sensivelmente a oferta de bons programas e abrindo espaço para jogos de cartas e sessões caseiras de filmes. É impossível criar uma redoma, mas você pode orientar seus filhos para que prefiram vídeos educativos e livros à TV, e seu próprio instrumento musical ao rádio comercial. O importante é oferecer alternativas construtivas e evitar fazer da TV uma babá eletrônica.

É claro que parte da programação televisiva tem o seu valor em termos educativos e de divertimento. O mesmo vale para os provedores de internet, para as revistas de adolescentes e para as estações de rádio, mas criar limites de tempo para cada uma dessas atividades e analisar quem são os principais patrocinadores é uma boa estratégia. Outra atitude eficaz é evitar comprar roupas com logomarcas e freqüentar lojas onde as crianças tenham acesso aos doces e brinquedos.

Se você quer limitar a exposição de seus filhos a mensagens comerciais, não pode ignorar a escola onde eles estudam. Nos Estados Unidos, o canal educativo Channel One é visto por mais de 8 milhões de crianças em cerca de 1.200 escolas todos os dias. Centenas, se não milhares, de distritos escolares por todo o país têm acordos comerciais com fabricantes de refrigerantes para promover seus produtos – oferecendo apenas determinada marca em suas máquinas de venda automática, colocando a logomarca da empresa no placar esportivo ou cartazes de propaganda e outros tipos de anúncio nos corredores, na cantina, no ginásio e até nas salas de aula. O irônico é que a maioria desses contratos gera, na verdade, poucos rendimentos para as escolas.

Até ônibus escolares e alguns livros didáticos sucumbiram ao poder da publicidade. Mesmo as livrarias que dão descontos para estudantes e que, supostamente, estão incentivando a leitura e o amor pelos livros, aproveitam para divulgar produtos não-educativos, que vão desde vídeos e brinquedos comerciais a jóias e jogos eletrônicos.

Estimule a Associação de Pais e Mestres, os diretores e os professores a envolver-se na discussão sobre o consumismo na escola. Juntos, vocês podem fazer com que as escolas reconsiderem esse tipo de "parceria" e reduzam a venda de alimentos de baixo valor nutritivo na cantina. Nenhuma instituição pública deve transformar-se em mais um veículo para apregoar vendas. Nossos filhos têm o direito de esperar alguma proteção nas escolas, assim como em casa.

É preciso conversar sobre tudo isso com seus filhos. Para que aprendam o ABC da propaganda, você deve assistir a comerciais de TV e ir decodificando as propagandas junto com eles. Mesmo crianças pequenas conseguem desenvolver uma consciência crítica sobre a mídia. Proponha o jogo "O que os anunciantes estão vendendo e como?" e explique como funcionam as técnicas de venda e como a maioria dos anúncios sugere que as crianças só terão amigos, amor, aceitação do grupo, alegria e respeito se comprarem determinados produtos.

Nancy Shalek, ex-presidente da Grey Advertising, explica que as crianças são muito sensíveis: "Se você lhes disser que devem comprar algo, elas resistem, mas se disser que serão consideradas palermas se não o fizerem, elas prestam toda a atenção." Kathy Sessions, mãe de uma criança de 5 anos, enviou-nos a seguinte história: "Recentemente, nossa filha estava no mercado com o pai e, ao ver uma prateleira com doces e brinquedos perto do caixa, exclamou: 'Isso é um truque para as crianças', pois nós havíamos explicado a ela como as lojas colocam esse tipo de produto na mesma altura dos olhos das crianças, tentando fazer com que elas perturbem os pais até que eles os comprem. Uma explicação básica ajudou a criar certa imunidade contra os apelos automáticos."

O feitiço da propaganda pode ser facilmente quebrado quando desvendamos as técnicas de sedução dos comerciais. Como a música está sendo usada? E as cores? Que emoções estão despertando? Como estão tentando fazê-lo sentir-se? Por quê? Um ou dois meses de desconstrução contínua dos anúncios é o bastante. Depois desse período, pergunte a seus filhos se eles realmente acreditam que comer determinada marca de batata frita vai torná-los mais populares, ou se determinado brinquedo vai lhes trazer novas e duradouras amizades, como é sugerido nos anúncios.

Esse treinamento caseiro é o antídoto perfeito para fortalecer seus filhos e ajudá-los a analisar criticamente os cartazes, comerciais de rádio e logomarcas. O risco é repetir-se a ponto de as crianças se cansarem de você. Uma abordagem de curto prazo é mais eficaz, sem contar que seus efeitos positivos se prolongam até a adolescência. Uma vez "vacinados", a primeira reação deles a qualquer anúncio será sempre de dúvida: "O que estão realmente vendendo e como?" (o efeito desejado pelos pais).

Ofereça alternativas positivas ao consumismo

O próximo capítulo oferece várias alternativas criativas à televisão comercial e à navegação na internet. Encoraje seus filhos a se reunir com os amigos, a brincar na rua e a explorar novos interesses – brincadeiras criativas nascem quando há tempo livre, sem atividades estruturadas. Isso faz com que eles se tornem mais autoconfiantes, não apelando a todo instante à televisão e aos videogames.

Ensine seus filhos a desconfiar da cultura do "compre agora, pague depois"

Uma vez que seus filhos estejam conscientes do trabalho dos profissionais de publicidade, a tendência é que se tornem consumidores cuidadosos. Quanto mais cedo aprenderem a desconfiar das incessantes ofertas de crédito e dos planos de financiamento a longo prazo, mais rapidamente entenderão como comprar de maneira inteligente.

Pense na importância do planejamento financeiro. Muita gente parece determinada a satisfazer imediatamente todos os seus anseios materiais, e, como dezenas de instituições facilitam a compra a crédito, é fácil perder o controle financeiro. Os jovens são especialmente vulneráveis a essas falsas facilidades, mas a verdade é que o mau gerenciamento do dinheiro leva milhões de famílias à bancarrota todos os anos.

Concentre-se em poupar. Para ajudar seus filhos a lidar com as ofertas sedutoras de prazer instantâneo, você precisa iniciá-los no mundo das finanças pessoais. Abra uma conta para seus filhos maiores e sugira que depositem a mesada ou qualquer outro dinheiro que ganhem de presente ou executando pequenas tarefas. Reforce a importância de poupar e converse sobre as suas próprias economias e planos de investimento para que eles se sintam parte do planejamento financeiro da família. Fazer uma reserva para necessidades e sonhos futuros é algo extremamente importante.

Converse sobre os perigos dos jogos de azar. A síndrome do "fique rico depressa" permeia a nossa sociedade. O próprio governo promove diversos tipos de loterias, além de permitir a existência de bingos e máquinas de jogos eletrônicos em todo o país. O único contra-ataque possível é ensinar às crianças desde cedo sobre os perigos dos jogos de azar e ajudá-las a gerenciar o dinheiro com responsabilidade.

Ensine seus filhos a serem consumidores responsáveis

O melhor antídoto contra o consumismo desenfreado é uma vida voltada para a satisfação dos verdadeiros desejos não-materiais. Não basta saber lidar com o dinheiro de maneira inteligente, mas também pensar de maneira crítica, avaliando detalhes como preço e qualidade, inclusive questionando se você realmente precisa daquele produto e se é a hora mais adequada de fazer a compra. Infelizmente, bater perna em shopping é a forma número um de recreação nos Estados Unidos, logo depois da televisão. Existem mais de 40 mil shoppings contra 24 mil escolas de segundo grau no país.

Fazer compras é algo que, curiosamente, satisfaz duas legítimas necessidades humanas: a interação social e a emoção da caça. Tente evitar a compra impulsiva, feita geralmente para "compensar" frustrações, estados depressivos ou solidão. Somente 25% dos clientes de shoppings procuram algum item específico, a maioria não procura nada em especial, está ali apenas para satisfazer alguma necessidade inconsciente.

Os tempos atuais exigem que o consumidor responsável investigue até mesmo a origem dos produtos, quem os fabricou e para onde eles irão quando forem jogados fora. Veja, por exemplo, o caso do papel. Ele é feito de celulose, principal componente das plantas, o que pode significar que ele teve origem em florestas antigas ou zonas de proteção ambiental, ou então é de áreas de reflorestamento. O rótulo precisa trazer esse tipo de informação ou um selo atestando que se trata de uma empresa responsável.

Para envolver seus filhos nessa nova abordagem, explique o fenômeno da globalização da economia mundial e como, por trás de cada produto, se esconde a história do operário que costurou a bola de futebol, o par de tênis ou a camiseta. Leia as etiquetas e identifique onde foi produzido (China, Taiwan, Vietnã ou México). Não é possível examinar cada compra que fazemos, mas vale tentar descobrir se os produtos são feitos sob condições de trabalho dignas (sem trabalho escravo) e se são "amigos do ambiente". Grupos de ambientalistas e de consumidores estão trabalhando arduamente para tornar essa informação pública, por isso fique atento às etiquetas e aos selos de certificação.

Faça algumas experiências básicas com seus filhos: compre uma camiseta feita de algodão orgânico (isso reduz drasticamente o uso de pesticidas, evita a contaminação do solo e a exposição química dos trabalhadores rurais), CDs embalados em papelão reciclado (e não em plástico), frutas e verduras orgânicas, cosméticos feitos sem testes em animais e eletrodomésticos que economizem energia e água. Estimule-os a escolher produtos que de alguma forma protejam os recursos naturais e sejam politicamente corretos.

Quanto é suficiente?

É importante, finalmente, ajudar as crianças a refletir sobre a verdadeira razão que as leva a querer ou necessitar de um determinado produto. Talvez a questão fundamental seja a seguinte: num mundo em que dois bilhões de pessoas vivem com um dólar por dia, de quantos brinquedos de plástico seus filhos realmente precisam? É claro que nem todo mundo é rico, mas, dependendo da perspectiva, muitos o são. Além do mais, não dá para ignorar que os americanos já consomem quase 30% dos recursos materiais mundiais – essa é uma realidade que precisa ser encarada.

É fundamental ajudar as crianças a entenderem o materialismo e o contexto global, mas não exagere o tom, sob pena de elas se sentirem culpadas e perderem o prazer de consumir. Se o mundo se dividir entre os que possuem e os que não possuem, quem poderá ser feliz de verdade? Por outro lado, se o consumismo irresponsável causar danos ambientais irreversíveis, quem se sentirá seguro? O conhecimento do mundo em que vivemos é a chave do que as crianças precisam compreender.

Ajude a mudar o sistema

Em um mundo ideal, os líderes que elegemos obrigariam as empresas a limitar o marketing infantil. A Suécia e a província de Quebec, no Canadá, por exemplo, proíbem anúncios que tenham como público-alvo crianças até 12 anos, e a maioria dos países europeus tem algum tipo de restrição. Os sinais de descontentamento estão crescendo nos Estados Unidos, com muitos distritos escolares banindo máquinas de refrigerantes, doces e salgadinhos e televisão comercial em suas dependências, mas não há qualquer limite quando se trata de comerciais para crianças.

Na ânsia de faturar, as empresas dão um jeito de burlar a lei que exige a publicação de avisos sobre a proibição de jogos de azar para menores de idade. Uma pesquisa feita em 2002 pela Comissão Federal de Comércio revelou que as crianças são freqüentemente expostas a anúncios de jogos pela internet em sites que não tratam de jogos. Esse sistema "vale-tudo" está profundamente impregnado na mentalidade empresarial, apesar dos crescentes protestos dos pais.

Deveríamos olhar para as bem-sucedidas restrições às propagandas de cigarros e continuar a exigir novas medidas que protejam nossos filhos. Entre em contato com o político que você ajudou a eleger, escreva para as empresas mais agressivas e participe de campanhas nacionais para limitar as propagandas que tenham como alvo o público infantil.

Seja um modelo positivo e associe-se a diferentes grupos

É sabido que as crianças aprendem por imitação. Pense nisso como uma nova chance de analisar seus hábitos de consumo e tantas outras posturas pessoais. É sempre bom para uma criança saber que ela não é a única a viver com limites de tempo para

TV e videogames, para passear no shopping e para montar seu guarda-roupa (com peças confortáveis e não apenas com o que está na última moda).

Se seus filhos ainda o perturbarem com insistentes pedidos para comprar isso e aquilo, converse honestamente sobre os seus valores e preocupações e explique por que não pretende comprar determinado artigo – porque é sexualmente provocante, violento, feito de plástico, tolo, caro ou apenas desnecessário e baseado em marketing agressivo e não em desejo e necessidade verdadeiros.

Se estiver se sentindo sozinho nessa luta, ou se preferir uma abordagem mais organizada, uma saída é criar ou juntar-se a um grupo de pais que tenham preocupações iguais às suas. Vocês podem se encontrar uma vez por semana para trocar opiniões sobre estratégias para criar filhos com saúde e conselhos para lidar com as situações difíceis que forem surgindo. As regras sugeridas abaixo aumentam as chances de seus filhos adotarem os seus valores:

- Limite a exposição deles a mensagens comerciais, basicamente restringindo seu tempo diante da TV.
- Ensine seus filhos a analisarem as propagandas de maneira que não sejam tão facilmente manipulados.
- Ofereça-lhe alternativas positivas ao consumismo puro e simples e ao uso das compras como antídoto contra o tédio ou a baixa auto-estima.
- Aja de forma coerente com as regras que estabelecer para sua casa e comunique os seus valores e preocupações.
- Periodicamente, compre alguns itens que forneçam verdadeiro entretenimento, crescimento ou prazer duradouro.
- Dedique-se às coisas que seus filhos dizem que realmente desejam e o dinheiro não compra e você vai descobrir que a insistência deles diminuirá proporcionalmente ao au-

mento do prazer que encontrarem ao se dedicar a outras atividades.

Quando o caminho se tornar difícil ou você se sentir desesperançado, lembre-se de que, a longo prazo, seus filhos vão acabar apreciando os seus esforços para protegê-los do consumismo desenfreado. Ao dizer não e oferecer novas opções, você demonstra sua intenção de proteger, estimular e apoiar o que há de melhor em cada um deles. E isso é o que eles realmente desejam e o dinheiro não compra, mesmo que ainda não saibam.

Capítulo 12

Mais divertimento, menos compras

Talvez a maneira mais agradável de livrar seus filhos das garras do vício em compras seja mudar o foco deles para atividades que podem trazer um significado e um divertimento mais profundos ao seu dia-a-dia. Se conseguirmos que se divirtam, eles não vão precisar e nem desejar ir ao shopping para se sentir bem.

Muitos pais se sentem nostálgicos de sua própria infância, quando as crianças podiam simplesmente brincar, explorar, desenvolver amizades e se divertir com histórias, canções, jogos e brincadeiras ao ar livre. Todos gostaríamos que nossos filhos tivessem mais oportunidades de ficar longe de shoppings, TV, videogames e cursos disso e daquilo – eles merecem lembranças diferentes de apenas estudar duro, gastar e correr para o próximo compromisso.

Esta é a primeira geração a ser educada com um chocalho numa das mãos e um mouse na outra. Inúmeras brincadeiras que divertiram adultos e crianças por várias gerações cederam lugar ao ritual de ver, ouvir e gravar CDs com downloads via internet, disputar partidas de jogos virtuais em rede e assistir a DVDs de shows e espetáculos de dança. Passamos a nos divertir observando, não fazendo. Isso se reflete num desenho que minha filha recortou de um jornal, mostrando um garoto que não tirava os olhos da TV – assistindo a um menino empinar uma pipa.

É bastante irônico que a vasta maioria dos comerciais que desejam vender algo ao público infantil – salgadinhos, sapatos, brinquedos – use imagens de crianças ao ar livre, dançando, correndo e fazendo exatamente o que elas deveriam fazer. Nossos filhos assistem aos atores fazendo essas coisas e concluem que, se comprarem o que quer que esteja sendo anunciado, irão se transformar naqueles meninos e meninas "maneiros" e divertidos que estão vendo na tela. É uma realidade bizarra e triste.

Não há nada de errado com as formas eletrônicas de entretenimento – elas são divertidas. O problema é que estão dominando em demasia as nossas vidas, comparadas às brincadeiras antigas, que são dinâmicas e interativas e nos conectam uns aos outros. O segredo talvez seja encontrar o equilíbrio e, para isso, precisamos achar tempo livre na agenda das crianças.

Esteja preparado para ouvir reclamações, mas não desista. Hoje em dia, uma criança de 10 anos pode receber com pouco ou nenhum entusiasmo a idéia de pintar, construir uma casa de brinquedo ou acampar. Siga em frente assim mesmo. Vencida a resistência inicial, ela geralmente acaba se interessando por suas propostas. O que começa como uma batalha cultural costuma terminar em felicidade. E, como tantas outras atividades, quanto mais você a pratica, mais fácil e natural ela se torna.

A idéia é que você não precise passar o resto da vida orquestrando a perfeita experiência do divertimento. Deixe que seus filhos descubram por eles mesmos o que desejam fazer, mesmo que no início eles não tenham certeza de como fazê-lo. Grandes idéias precisam de um pouco de tédio e frustração para florescer.

Há um preço, no entanto, para que seus filhos troquem o silêncio diante da TV, do computador ou do videogame pela idéia de transformar o ambiente que os cerca – é a bagunça. Eles podem rastejar na sujeira depois de uma caminhada em grupo pela mata, podem espalhar serragem pelo jardim quando estiverem fazendo uma casa para pássaros ou podem, acidentalmente, encher os cabelos de cola ao fazerem uma colagem. Aprenda a viver com isso. Pense na bagunça como parte de uma brincadeira em andamento, mas deixe que as próprias crianças comandem a limpeza.

Admito que muito do que eu disse aqui é mais fácil com crianças ainda pequenas. À medida que vão entrando na adolescência, o desafio aumenta, pois, ao propor algo com tão pouca tecnologia, você corre o risco de ser tachado de "bobo". Talvez seja preciso mudar de estratégia, mas o importante é não desistir. Nunca é tarde demais para nos divertirmos.

Idéias para iniciar o processo de mudança

Para que você possa dar início a esse processo de resgate de brincadeiras à moda antiga, organizei uma lista de idéias práticas e criativas. Dividi a lista em várias categorias para ajudá-lo a adaptar as atividades ao real interesse de seus filhos, mas aproveite para tirar do baú suas melhores lembranças da infância e ver quais podem ser recriadas.

Dando uma de mestre-cuca

- Faça pão em casa. Misture a farinha, deixe crescer. Enrole a massa, deixe descansar antes de ir para o forno.
- Colha frutas no pomar ou verduras na horta.
- Descubra a receita do biscoito predileto da família e dê-lhes esse prazer; faça o suficiente para oferecer alguns para os vizinhos, os colegas de escola, ou para colocar numa bonita embalagem e enviar a alguém a quem amam.
- Ensine seus filhos a preparar o prato de que mais gostam.
- Sugira que os adolescentes organizem um "encontro de padeiros" com os amigos, quando poderão trocar pães, bolos e biscoitos entre si enquanto se divertem juntos.
- Estimule seus filhos a criar e gerenciar um restaurante em sua própria casa por uma noite, com cardápios, garçons, velas, etc.

Incentivando a escrita e a leitura

- Conte histórias engraçadas, amedrontadoras, inspiradoras, bizarras – fato ou ficção, você decide. Desenvolva coletivamente a narrativa à medida que for contando e recontando histórias da família ou episódios de quando seus filhos eram menores.
- Promova sessões de leitura, juntos ou separados. É relaxante, prazeroso e uma excelente maneira de desacelerar. Comece um clube do livro familiar e visite a biblioteca para incentivar as crianças mais resistentes, que podem começar escolhendo revistas ou histórias em quadrinhos.
- Escreva uma carta para um amigo ou parente.
- Ajude seus filhos a começar um boletim informativo sobre a família, a escola ou a vizinhança.
- Mantenha diários individuais ou em grupo.
- Faça palavras cruzadas e outros jogos de palavras.

Diversão à moda antiga

- Ensine a seus filhos as suas brincadeiras favoritas da infância: clássicos como pique-esconde, charadas, amarelinha, elástico, chicotinho queimado, garrafão, etc.
- Sugira jogos de tabuleiro: batalha naval, damas, xadrez, palavras cruzadas, Banco Imobiliário, etc. Até os adolescentes gostam deles. Vale o investimento.
- Promova uma sessão de carteado. Um baralho é barato, portátil e útil de várias maneiras. Aprenda alguns truques ou construa castelos de cartas.
- Divirta-se jogando peteca, frescobol, *frisbee*, vôlei ou pelada – vale todo e qualquer passatempo que possa ser feito ao ar livre. As crianças se exercitam um pouco e, ao mesmo tempo, têm a chance de se encontrar com os amigos.
- Faça uma gincana com seus filhos e os amiguinhos deles: corrida de saco, dançar com uma laranja na testa, corrida

com ovo na colher, etc. Eles são ótimos para animar uma festa, mas valem sempre que houver um grupo de bom tamanho.

- Monte uma operação tipo "caça ao tesouro". Esconda algo dentro ou fora de casa e ofereça pistas que levem as crianças até o esconderijo. As pistas podem ser visuais, caso as crianças ainda não saibam ler.

Teatro e cinema

- Monte uma peça de teatro. Se você tiver uma câmera de vídeo, filme-a. Seus filhos vão adorar assistir à fita depois e você ainda pode enviar uma cópia aos parentes ou amigos distantes, como se fosse um documentário com as notícias recentes de sua família.
- Organize um show de talentos familiar ou com a vizinhança.
- Arme um teatro de marionetes ou fantoches. Se os bonecos (de papel-machê) forem feitos em casa, a atividade fica completa.

Atividades ao ar livre

- Passeie pela mata. Convide outras famílias para juntarem-se a vocês numa caminhada por uma trilha. Leve um *frisbee* ou uma bola de futebol.
- Promova um passeio para observar pássaros. Pesquise os nomes dos pássaros de sua região, construa um comedouro, pendure-o numa árvore para atrair os animais e fique atento.
- Dê uma de astrônomo amador. Pesquise antes na biblioteca o básico sobre constelações, escolha uma noite clara e vá para um lugar aberto, onde você possa se instalar (em cobertores ou sacos de dormir) para observar as estrelas. Outra opção é visitar um planetário. Muitas comunidades se reúnem para assistir a chuvas de meteoros e outros espetáculos celestes. Alguns astrônomos amadores permitem que

você use rapidamente seus telescópios para enxergar as crateras da Lua ou os anéis de Saturno. Entre em contato com o Observatório Nacional, o planetário ou o observatório de sua cidade para informar-se. Consulte os sites www.on.br, www.rio.rj.gov.br/planetario e www.skyandtelescope.com para imprimir cartas celestes e descobrir dicas, inclusive para iniciantes.

- Empine pipas. E aprenda a montar sua própria pipa, em diversos formatos e tamanhos. O site www.pipas.com.br mostra um passo-a-passo para iniciantes.
- Improvise uma vara de pescar, amarrando um cordão e um anzol simples. Depois, vá até um lago ou canal perto de sua casa em busca de alguns peixes.
- Organize um acampamento. Isso pode significar passar a noite dormindo em sacos de dormir em seu próprio quintal ou desenvolvendo habilidades de sobrevivência em algum lugar selvagem. Experimente: pode ser que você goste.
- Plante alguma coisa: um pequeno jardim, canteiro ou vaso. As crianças adoram plantar algo que possam comer. Comece com sementes ou mudas. O simples ato de espalhar algumas sementes pode dar a sensação de um pequeno milagre pessoal.
- Construa em casa rampas para andar de skate ou patinete. Você pode tentar conseguir com a prefeitura a construção de uma pista de skate na praça mais próxima.
- Interprete as nuvens. Convoque amigos e familiares para analisar as diferentes formas que as nuvens assumem no céu.
- Crie um santuário para a vida selvagem, plantando flores e árvores frutíferas que atraiam pássaros e borboletas e construindo comedouros para pássaros e abrigos para os animais. Plante espécies nativas de sua região, pois não precisarão de fertilizantes, pesticidas ou rega extra. Até mesmo

num apartamento, vasos colocados na janela podem atrair borboletas e várias aves. Uma boa idéia é adotar uma área negligenciada de seu bairro, retirar o lixo acumulado e espalhar sementes, de maneira que toda a vizinhança possa usufruir da natureza.

- Aprenda a secar flores e folhas. Colete amostras quando estiver fazendo caminhadas ou passeando pelas redondezas, ou procure-as em seu próprio jardim. Coloque-as dentro de um livro ou entre folhas de papel absorvente sob um livro pesado até que sequem.
- Prepare adubo orgânico para nutrir suas plantas. Reserve uma área no quintal para servir de composteira: reúna detritos vegetais (grama cortada, restos de podas e folhas), acrescente cascas de ovo e restos de pó de café, coloque por cima uma camada de terra e mantenha o monte bem úmido para facilitar a decomposição biológica. Não tem cheiro ruim e nem necessita de muita manutenção, e é bom para o meio ambiente – você e seus filhos vão se divertir afofando a terra dos vasos e dos canteiros com esse nutriente natural.

Bricolagem

- Desenhe. Faça desenhos num caderno. Use várias técnicas que estimulem a sua criatividade. Faça desenhos com giz na calçada.
- Crie álbuns. Você pode organizar trabalhos cronologicamente ou criar sobre um tema específico. Ideal para passar o tempo nos dias chuvosos.
- Faça colagens. Revistas velhas são sempre uma boa fonte de imagens, mas não se limite a elas. Brinque com texturas. Trabalhe com fios, tecidos, flores e folhas, botões e clipes de papel, contas – qualquer coisa. Os adolescentes adoram fazer colagens com fotografias, objetos pessoais, entradas

de shows e fotografias de amigos como forma de expressar sua identidade e paixões pessoais.

- Seja o seu próprio carpinteiro, faça entalhes e esculturas. Se você ainda não tem as ferramentas certas, trate de comprá-las – basta um canivete, um serrote, uma lixa e um cinzel para começar. Comece com simplicidade. Faça colheres de madeira para cozinhar, um chaveiro, um banquinho, um porta-CDs, blocos de construção de brinquedo ou, simplesmente, arte! De qualquer maneira, procure a beleza natural da madeira. Só verifique sua origem, para ter a certeza de que não é fruto de corte ilegal.
- Tricô, crochê, macramês, tapeçaria, colchas de retalhos ou bordados. Essas atividades manuais são tradicionalmente associadas às meninas, mas não caia nesse erro. Convoque um parente ou vizinho mais velho para dar algumas aulas introdutórias e reúna pequenos grupos de três ou quatro crianças para se divertirem com linha e agulha.
- Pinte vasos de flores, molduras, caixas de papelão, baús de brinquedos, faça tatuagens removíveis, murais ou texturas especiais na parede de um quarto, por exemplo. Experimente materiais diferentes: tinta para pintura a dedo, aquarela, tintas laváveis.
- Brinque com argila. Faça massa de modelar caseira e crie novas formas. Use tesoura de podar e plantas secas para criar esculturas de jardim.
- Faça carimbos de borracha escolar, batatas, maçãs, esponja ou qualquer outro material que lhe vier à cabeça. Teste os limites do que pode ser feito com impressões digitais.
- Monte um ateliê de costura para fazer um guarda-roupa novo para a boneca de sua filha. Ajude-a a desenhar uma coleção, usando recortes de revistas de moda, e parta para o "corte e costura" das roupas, ou mesmo para a confecção das próprias bonecas.

Mexa-se

- Nade, corra em meio aos irrigadores de jardim, caminhe *dentro* de uma piscina rasa, pule ondas, sapateie nas poças de água, alugue uma canoa ou pedalinho num parque (sempre com coletes salva-vidas, é claro) – divirta-se com água.
- Vá patinar – no gelo ou no concreto, com qualquer tipo de patins.
- Pule corda. Brinque de bambolê. Suba em barras. Aprenda a andar em pernas de pau ou pula-pula. Faça malabarismo.
- Monte uma pista de corrida com obstáculos em seu quintal, ou dentro de casa num dia de chuva ou frio.
- Faça ioga em casa. Aprenda as posturas básicas, ensine a seus filhos e deixe que ensinem aos amigos. É divertido e um antídoto contra mochilas pesadas e dores no alto da coluna causadas por um tempo excessivo diante do computador, ou contra qualquer tipo de estresse.
- Ande de bicicleta em família e aproveite para ensinar a seus filhos as regras de segurança para quando estiverem sozinhos. Arrisque fazer passeios longos, que ocupem o dia inteiro.
- Pratique esportes. Junte amigos e vizinhos para jogar futebol ou outro esporte. Independentemente da idade ou habilidade de cada um, organize partidas para adultos e crianças.
- Dançar é um santo remédio para livrar-se do estresse, interagir socialmente, aprender tradições culturais e conseguir um ótimo divertimento, tudo isso ao mesmo tempo. Afaste a mobília da sala ou do quarto e dance ao som de seu CD predileto, na privacidade de sua casa. Procure algum vídeo com aulas de dança e convide os amigos para dançar em sua casa. Tenha aulas particulares de salsa, ritmos africanos, valsa, tango ou sapateado, que, aliás, é muito popular entre adolescentes. Há muitos programas para iniciantes; por isso, não deixe que a inexperiência seja um obstáculo.

O poder da música

- Aprenda a tocar um instrumento. Toque para si mesmo, para sua família, para os amigos. Improvise. Junte os amigos e use baldes, pedaços de pau, colheres, panelas ou qualquer objeto que o inspire a criar um grupo de batucada e... não é necessário nenhum conhecimento formal. Deixe seus filhos fazerem barulho!
- Cante no chuveiro ou engrene uma sessão de karaokê caseiro – é só ligar o rádio ou colocar um CD e cantar junto, com toda a vontade. Participe de um coral ou inicie um círculo musical: cada um escolhe uma música e vocês cantam. Não se importe se está bom ou ruim, simplesmente divirta-se!
- Construa seus próprios instrumentos. Costure as pontas de um tubo de papelão com arroz dentro, coloque feijões entre dois copos de plástico presos um ao outro. Transforme caixas de cereais em tambores. "Toque" um pente. Amarre elásticos de diferentes tamanhos ao redor de uma caixa de sapatos.

Brincando de "terrir"

- Crianças adoram ser amedrontadas – de brincadeirinha, claro. Esse falso medo é o que torna as montanhas-russas tão divertidas. Mas você pode conseguir as mesmas emoções perto de casa, basta contar histórias de fantasmas numa noite de tempestade, ou diante da lareira, com as luzes apagadas.
- Organize junto com seu filho adolescente um jogo de mistério, no qual um crime tenha de ser desvendado durante um jantar. Os amigos dele vão adorar.
- Não espere pelo Dia das Bruxas. Arranje enfeites, vídeos e maquiagens e crie uma casa mal-assombrada. Não se esqueça de escolher uma trilha sonora assustadora e fantasias.

Faz-de-conta

- Encha uma caixa bem grande com roupas e fantasias, começando com peças que você não deseja mais ou que já não cabem mais nas crianças. Se você tiver espaço sobrando, incentive a construção de um tablado ou alguma estrutura mais permanente usando restos de madeira e monte um palco com cortinas feitas de lençóis velhos pendurados no teto e outros tipos de sucata.
- Inventem histórias para contar uns aos outros durante outras atividades. Durante uma caminhada na mata, finja estar num safári. Leve binóculos. Tome cuidado com os tigres. Faça de uma visita ao mercado uma caça ao tesouro ("Não se aproxime muito dos jacarés no corredor cinco e cuidado com a areia movediça perto do balcão de pães.") Criem juntos uma história sobre onde o caminhão à sua frente está indo ou de onde está vindo.

Reciclagem de brinquedos

- Todas as crianças amam novidades. Não por acaso os brinquedos dos amigos são sempre mais fascinantes que os delas. É normal que se cansem do seu próprio baú de brinquedos, mas isso não significa que você precisa ir às compras para renovar o estoque. Em vez disso, proponha uma sessão de trocas entre as crianças da vizinhança. É mais divertido e muito mais econômico.
- Algumas famílias realizam "vendas de garagem" para se desfazer de seus pertences, o que se reverte em verba extra para renovar os brinquedos de seus filhos. Pense na hipótese de fazer um evento desse tipo quando o armário de brinquedos estiver entupido de coisas que já não são mais tão desejadas.
- Construa brinquedos. Isso é, ao mesmo tempo, um projeto artístico e uma fonte de novas brincadeiras.

- Procure ou organize uma "brinquedoteca". Muitas bibliotecas, faculdades comunitárias e centros de recreação costumam patrociná-las.

Construindo laços com a comunidade

- Empenhe-se em conhecer os seus vizinhos, participe de festas ou de ligas esportivas organizadas por sua comunidade. Organize uma festa para o seu quarteirão, planeje jantares com a participação dos vizinhos (entrada numa casa, prato principal na outra, sobremesa e café numa terceira). Participe de sua associação de bairro ou da Associação de Pais e Mestres da escola de sua comunidade e encarregue-se da agenda social, se não houver ninguém com essa incumbência. De vez em quando, simplesmente apareça na casa de amigos para dizer alô – sem avisar antes (desde que tenha amigos que apreciem essa espontaneidade, é claro).
- Organize ou faça parte de um clube – de leitura, tricô, cozinha, palavras cruzadas ou de qualquer outro tema de seu interesse.
- Reúna-se com amigos. Isso pode parecer algo banal, mas o simples fato de passar algum tempo com pessoas de quem gostamos satisfaz à alma e costuma ser raro em nossas vidas tão corridas. Se for o caso, improvise um churrasco, pedindo que cada um traga um acompanhamento, ou sirva apenas biscoitos e café. O importante é a convivência em grupo.

Muitas dessas idéias simples podem parecer pouco convencionais, embora fossem comuns no tempo de nossos pais ou avós. No fundo, a atitude mais revolucionária que podemos ter é desacelerar, ver o tempo passar ao lado de outras pessoas e, de vez em quando, nos divertir sem nenhum sentimento de culpa.

Capítulo 13

Comemorações felizes e saudáveis

"Talvez o Natal", ele (o Grinch) pensou, "não venha de uma loja. Talvez o Natal signifique um pouquinho mais!"
De *Como o Grinch Roubou o Natal,* de Dr. Seuss

Feriados de Natal e outras celebrações são alguns dos mais belos momentos da vida. Eles costumam girar em torno de datas religiosas (Páscoa, Páscoa Judaica), ritos de passagem (batismo, bar-mitzvá, festa de debutante, formatura, etc.) e mudanças sazonais (colheita, equinócio). Pena que estejamos perdendo contato com o verdadeiro significado de cada um deles, tamanha a pressão dos interesses comerciais.

Quase todos os feriados significativos, nacionais ou familiares, tornaram-se uma obrigação de gastar dinheiro e, nesse processo, acabamos nos esquecendo do que esses dias estão homenageando. Experimente perguntar a seus filhos e a si mesmo o que está sendo comemorado na Páscoa ou no Halloween, o Dia das Bruxas.

Nos Estados Unidos, o antigo prazer de usar máscaras e fantasias feitas em casa deu lugar a um evento comercial que gera cerca de US$ 7 bilhões em vendas anuais, quase três vezes mais do que se gastava há cinco anos. A alegria de criar algo original deu lugar à compra de fantasias de personagens da Disney e de celebridades da mídia (US$ 1,5 bilhão por ano). Acrescente o gasto com doces (média de US$ 1,93 bilhão por ano, montante bem maior que na Páscoa, Dia dos Namorados ou Natal), cartões (US$ 50 milhões), decoração e objetos ligados ao tema (US$ 2,5 bilhões) e o resultado é uma mina de ouro para o comércio.

Muitas famílias estão tentando ativamente voltar aos velhos tempos. Elas estão revivendo os cânticos de Natal e recuperando o espírito de renovação do réveillon, sem se deixar envolver pelo consumismo que domina essas datas. Muitos pais estão realizando ótimas festas de aniversário sem a obrigação das lembrancinhas elaboradas, da equipe de animadores e da decoração temática. Eles estão dispostos a comungar com a renovação espiritual das Páscoas cristã e judaica e com a ingênua aventura do Halloween sem gastar rios de dinheiro na compra de artigos para essas comemorações.

Seus filhos vão adorar mudar o foco daquilo que vão *ganhar* para o que vão *fazer*. Em geral, são os adultos, e não as crianças, a força motriz por trás das comemorações elaboradas e caras. Se eles mudarem seus hábitos e passarem a organizar celebrações mais significativas, todos saem ganhando, principalmente as famílias com poucos recursos, que não desejam aumentar suas dívidas e que, segundo as pesquisas, levam em média seis meses para serem pagas após o Natal.

Este capítulo visa a ajudá-lo a descobrir como simplificar as celebrações, sugerindo maneiras de reduzir o estresse e aumentar a realização pessoal. Mas o mais importante é que ele inclui maneiras de despertar seus filhos para a criação e a valorização de tradições menos materialistas. A idéia não é deixar de comemorar as festas, mas redescobrir o seu significado e a sua magia.

O que você deseja dos feriados?

As melhores recordações de nossa infância são as celebrações e festas especiais que ocupavam os principais feriados do ano. Que lembranças os seus filhos estão guardando das festas que você tem organizado? O que você quer que eles lembrem daqui a 20 anos? As suas comemorações enfocam os aspectos que você considera mais importantes? Pense no dia seguinte. A comida acabou, os presentes foram abertos, você está desmaiado no sofá, a casa está uma bagunça, a cozinha cheia de louça para lavar... e você, como se sente? A sua imagem é a de uma pessoa feliz e realizada ou decepcionada ou exausta? Analise o que você poderia mudar para reduzir o estresse e tornar tudo mais fácil para você e mais agradável para todos. Escolha as atividades verdadeiramente enriquecedoras, que merecem mais tempo e dedicação, e recupere o verdadeiro significado do Natal, do Dia do Trabalho, da Páscoa. Mãos à obra!

Presentes mais significativos

Para evitar o festival anual de compras e os preparativos frenéticos em busca do feriado perfeito, simplifique a troca de presentes. Há *realmente* uma mágica em sentar-se ao redor da árvore para trocar presentes – esse ritual é maravilhoso e não deve ser abandonado, apenas modificado. O importante não é o que vamos ganhar do Papai Noel e sim o significado religioso do feriado e as possibilidades de renovação e de divertimento em família.

Substituir as montanhas de presentes por experiências como patinar no gelo, contar histórias à luz de velas ou encontrar primos e amigos, por tornar as festas realmente memoráveis, é um bom começo. Mas, para evitar ser radical demais, institua o chamado "amigo oculto", evitando que todos tenham de comprar presentes para cada membro da família.

Uma maneira de colocar mais significado nos presentes é fazê-los com as próprias mãos: uma casa na árvore do quintal, um filme caseiro sobre a história da família – dependendo da idade e do interesse de seus filhos, há incontáveis possibilidades de presentes "caseiros". Há ainda outras opções, como os "certificados" que garantem desde um dia inteiro de atenção a ser resgatado no prazo de duas semanas até uma ida ao parque para jogar bola ou uma ida ao parque de diversões.

Para algumas pessoas, a maior fonte de estresse dos feriados vem do fato de receber convidados em casa. Uma simples festa de Natal pode tornar-se uma tarefa hercúlea, que vai exigir todas as suas forças (e poupança também). Pense em simplificar tudo com o apoio da família. Em vez de uma refeição extravagante, peça que cada tio ou primo traga um prato diferente e envolva seus filhos na confecção de uma gostosa sobremesa. Delegue a decoração às crianças e delicie-se com sua engenhosidade. Você não precisa ser a dona de casa perfeita.

O mais importante, porém, é trazer significado e magia para a data. Margarete, do Oregon, faz isso todos os anos: "Reunimos as crianças e os vizinhos e vamos até o asilo de velhos que fica no fim da rua, entoando cantigas de Natal. Depois, fazemos uma ceia na casa de um dos participantes. Fazemos biscoitos, montamos uma decoração mostrando uma vila no Natal e nos divertimos como nos velhos tempos. As listas de compras não pesam sobre os ombros de ninguém."

O ambientalista Bill McKibben, autor de *Hundred Dollar Holiday* (Feriado de cem dólares), tem sua própria tradição natalina: levar alpiste e pão até uma mata ou parque e espalhar tudo pelo local para que os pássaros venham alimentar-se. "São Francisco disse que os animais também merecem celebrar algo tão feliz... oferecer-lhes comida é uma maneira maravilhosa de lembrar a nós mesmos que esse dia é sobre muito mais que o tamanho da pilha guardada debaixo da árvore."

Parabéns a você

Infelizmente, as festas de aniversário também se transformaram em verdadeiras armadilhas consumistas. Mas, como acontece às outras comemorações, elas também estão ensaiando um caminho de volta ao verdadeiro sentido da ocasião – a passagem de mais um ano, a maturidade que essa passagem traz, além de mais responsabilidades e oportunidades para um novo ciclo de crescimento e aventuras.

Aqui estão algumas idéias para você começar a planejar uma festa diferente para seus filhos – pense em interação, aventura, desafio e divertimento:

- Escolha o tema com cuidado, evitando personagens com grande apelo de marketing. Prefira princesas a Barbies ou o abecedário à Vila Sésamo. Monte ateliês de artes e trabalhos manuais, oficina de fantoches, brinquedos de construção ou o que quer que conquiste o interesse do convidado de honra.
- Esqueça as sacolas com lembrancinhas. Dê de presente aos convidados experiências excitantes para contar ou talvez algo que tenha feito parte da brincadeira (camisetas pintadas por eles mesmos, bijuterias e porta-retratos feitos na hora). Se você achar que é indispensável mandar os convidados para casa carregando alguma coisa, crie saquinhos com petiscos saudáveis, biscoitos feitos em casa ou mesmo pipocas, enfeitados com um belo laço.
- Em vez de gastar uma pequena fortuna em pizzas e videogames numa lanchonete qualquer, organize uma oficina de pizzas em casa (deixando que as crianças preparem suas próprias fornadas).
- Personalize o bolo, permitindo que cada criança decore um pequeno bolo individual.
- Organize uma festa completamente diferente – um piquenique, um fondue de chocolate ou um concurso de sobremesas, com cada convidado trazendo a sua (talvez no lugar de um presente) para que todos experimentem.
- Ofereça a oportunidade de uma nova experiência: uma noite acampando no parque, usar sua própria canoa, ir ao cinema só com os amigos e de ônibus.

- Resgate brincadeiras à moda antiga, como corridas de revezamento, corridas em dupla com as pernas amarradas, passar balões cheios de água de uma criança para a outra, comer maçãs suspensas com cordas (sem usar as mãos!).
- Os adolescentes podem optar por uma festa dançante, uma partida de algum esporte com a participação de meninos e meninas ou uma tarde divertindo-se com jogos de tabuleiro, como Detetive, Banco Imobiliário ou Imagem e Ação.
- Para os pequenos, seja simples. Não convide a turma toda (siga a recomendação dos especialistas: um convidado para cada vela do bolo). Pegue aquela caixa com roupas e fantasias, alguns instrumentos musicais, um painel de feltro para contar histórias prendendo nele os personagens e material para recortar e colar.
- Adivinhações, charadas e paródias são divertidas e podem ajudar o grupo a vencer a timidez inicial.
- Se sua família possuir uma câmera de vídeo, as crianças podem fazer um filme ou documentário, ou podem filmar uma peça feita por elas. Cada convidado pode trazer roupas para fantasiar-se, além de objetos engraçados, e as crianças darão asas à imaginação.
- Faça uma festa à fantasia: os convidados podem usar roupas de determinada época, ou de determinada cor, ou representando o seu personagem favorito de Harry Potter ou de qualquer obra literária.

Aposte na simplicidade e descubra a mágica que vai deixar seus filhos verdadeiramente felizes.

Presentes alternativos

Os fabricantes americanos de brinquedos lançam entre três e seis mil novos produtos a cada ano. Pesquisas mostram que, em geral, as crianças pedem de três a quatro brinquedos novos no Natal – e ganham cerca de 12, sendo que as meninas possuem cerca de oito bonecas Barbie cada uma. Mas não precisa ser assim.

Lynn Deed, de Maryland, inovou ao abolir os presentes das festas de aniversário: "As crianças eram pequenas e por isso nunca tivemos problemas em não dar presentes em aniversários, mas alguns pais têm reações interessantes. Em geral, recebo um telefonema e acabamos concordando com o envio de 'não-presentes', como biscoitos feitos em casa, livros usados, etc."

É claro que nem todo mundo quer embarcar numa decisão tão radical e eliminar os presentes por completo, mas mimos personalizados e sinceros são muito bem-vindos. Algo como um álbum de fotografias documentando momentos felizes versus um objeto comprado numa loja. Presentes "reciclados" (minha filha deu a uma prima mais nova uma coleção completa de uma revista infantil), tíquetes para espetáculos teatrais ou vales-presente em restaurantes da moda também são ótimas sugestões quando se quer fugir do lugar comum.

Presenteie com seu tempo e disponibilidade

Dar e receber presentes em forma de disponibilidade de tempo traz um significado especial a qualquer comemoração. É, inclusive, uma maravilhosa opção para amigos que já têm "tudo" ou parentes mais velhos que alegam "não precisar de mais nada na vida". Desenhe um cupom ou certificado com uma mensagem carinhosa, conferindo ao portador alguma promessa, e não esqueça de dar instruções de como resgatar o presente. Aqui estão algumas sugestões:

- Vá para a cozinha e prepare o prato preferido da pessoa homenageada.
- Prometa fazer determinada coisa durante um mês: levar o

lixo para fora, lavar os pratos ou tomar conta dos irmãos menores um fim de semana.

- Marque um encontro mensal para almoçar.
- Combine fazer 10 massagens nas costas ou cinco lavagens no carro.
- Sugira fazer um piquenique.
- Comprometa-se a assistir 15 partidas do jogo predileto de seu filho.
- Anuncie um dia sem ir à escola, com mamãe ou papai fazendo algo realmente especial.

Presenteie com experiências e aventuras

Presentes desse tipo rendem lembranças marcantes e diferentes. Aproveite para compartilhar suas experiências ou habilidades:

- Ensine a seus filhos algo que você conhece profundamente (pescar, construir móveis, nadar no estilo borboleta, assar pães, jogar bola, plantar tomates, tirar fotografias ou tocar uma música no violão).
- Visite um zoológico, um aquário ou um patrimônio histórico de sua cidade (como uma escavação arqueológica).
- Saia para acampar, descer o rio de caiaque ou fazer um longo passeio de bicicleta.
- Coloque suas habilidades a serviço de seus filhos: faça cortinas para o quarto, um penteado para ir a uma festa importante ou construa uma estante de livros.
- Organize um passeio de trem ou um trekking pela montanha.

Carol, que vive na Califórnia, gosta de presentear o sobrinho com aventuras: "Prefiro oferecer experiências, em vez de dar objetos. No aniversário de meu sobrinho, sempre crio uma caça ao tesouro, onde invento pistas rimadas para desafiá-lo e fazê-lo caminhar por todas as direções. Comecei a fazer isso logo que ele aprendeu a ler e hoje, aos 13 anos, as pistas o levam até o centro da nossa cidade e exigem que interaja com outras pessoas em situações engraçadas. Uma vez, eu o ouvi contar a um amigo como a caça ao tesouro é divertida. O amigo disse: 'Uau, dever ter um presente maravilhoso no final.' E meu sobrinho disse: 'Não, o presente é a própria caça!'"

Presenteie com algo feito em casa

Não há quem não aprecie uma cesta de biscoitos caseiros, mas, com um pouco de imaginação, suas opções são incontáveis. Aqui estão mais algumas idéias para inspirá-lo:

- Faça uma fita de vídeo da família e amigos conversando a respeito das lembranças que têm do aniversariante, incluindo passagens engraçadas e significativas. Ou grave os depoimentos dos membros mais velhos da família contando histórias e lembranças da infância, descrevendo como era a vida em diferentes períodos, compartilhando lições de vida, para dar de presente não apenas a eles mesmos, mas aos seus descendentes.
- Crie uma página na internet sobre o aniversariante.
- Monte um livreto com as receitas favoritas da família, especialmente as que o aniversariante mais aprecia.
- Crie um calendário decorado com fotografias, desenhos, colagens, citações favoritas ou com mensagens personalizadas. Não se esqueça de marcar as datas importantes, como aniversários e reuniões familiares.
- Selecione fotografias e lembranças e organize-as num álbum, colagem ou cartaz centrado numa determinada pessoa, família, evento, época ou tema.
- Grave seus filhos tocando um instrumento.

- Faça listas com uma centena de suas mais queridas lembranças do contemplado.
- Ofereça mudas de plantas de sua casa.

Presenteie com algo mais significativo

Comemorações de teor religioso oferecem a oportunidade de escolhermos presentes com um significado mais profundo, relacionados à transcendência e ao sagrado. Envolva seus filhos nessa proposta e incentive-os a construir uma relação de compaixão com aqueles sem condições de satisfazer suas necessidades materiais e humanas.

- Pense na possibilidade de patrocinar um abrigo para crianças, de proteger uma determinada área de floresta ou de comprar cobertores para um abrigo de pessoas sem teto. Oferecer ajudas específicas e nos arredores de sua casa torna a atitude mais significativa, especialmente para as crianças.
- Outra boa idéia é escolher alvos que tenham a ver com interesses pessoais: se você ama ler, doe livros para a biblioteca local; se você pretende se tornar um médico, apóie o hospital local; se você é um fã de esportes, doe equipamentos a um time de uma área pobre da cidade.
- Seja um "Papai Noel Secreto". Algumas instituições gerenciam programas nos quais, em determinadas datas, voluntários escolhem realizar o "desejo" de determinada criança, comprando o presente que ela pediu e deixando que o grupo patrocinador o entregue.
- Plante uma árvore em homenagem a alguém.
- Ofereça o diploma de associado de alguma ONG que atue na área de interesse do aniversariante.
- "Adote" um animal por intermédio de uma organização não-governamental.

Presentes amigos da natureza

Quando você comprar um tipo mais tradicional de presente, prefira objetos duráveis e atemporais, de preferência que estimulem a imaginação da criança. Tente evitar embalagens plásticas e favoreça empresas e artesãos de sua região. Isso é bom para o meio ambiente e para a comunidade em que você vive. Veja algumas sugestões:

- Quebra-cabeças
- Equipamento para acampar
- Vale-presente de uma loja de livros ou CDs
- Sacos de bolas de gude
- Moedas ou selos estrangeiros
- Lente de aumento
- Blocos de construção
- Argila ou massa de modelar feita em casa
- Diário ou blocos interessantes com canetas especiais
- Álbum para colocar fotografias
- Instrumentos musicais
- Artigos de papelaria (100% reciclados, com tinta à base de água!)

Aventuras dentro de uma caixa

Incentive as crianças a criar um mundo imaginário com itens que estão à mão, combinando-os de maneira a serem usados em brincadeiras. Esses "presentes de faz-de-conta" podem ser melhores que qualquer um comprado em uma loja – a diversão muitas vezes pode estar diante de nossos olhos.

- Embalagens vazias de produtos alimentícios, dinheiro de mentira e uma caixa de metal permitem montar uma loja.
- Talões de cheque e formulários velhos, papel carbono, carimbos e fichários são perfeitos para se brincar de escritório.

- Restos de madeira, telhas, um martelo, alguns pregos e uma lata de tinta não-tóxica são o suficiente para se construir um clube. Para crianças menores, pegue uma caixa de geladeira, corte uma porta e uma janela e deixe que decorem o seu esconderijo.
- Roupas usadas e acessórios (gravatas, chapéus e bijuterias) para brincar de "gente grande".
- Material para fazer fantoches: sacos de papel marrom, meias velhas de cores variadas, olhos feitos de bola de pingue-pongue, penas, botões e cola.
- Latas de biscoitos ou de café podem ser transformadas em uma caixa de jóias (cheia de vários tipos de bijuteria barata) ou na maleta da manicure (esmaltes coloridos). É garantia de grande sucesso entre as meninas.

Muito além dos presentes

Lembre-se que nem sempre o presente é o detalhe mais importante de uma comemoração. De vez em quando, celebre o Dia do Trabalho, lembrando-se dos trabalhadores que fazem parte da história de sua família, comemore o Dia da Independência fazendo bandeiras do país e festeje o dia da proclamação da República lendo sobre a vida dos presidentes. Pense sobre o significado desses dias especiais e recupere antigas tradições que se perderam.

Capítulo 14

O que VOCÊ quer que o dinheiro não compra?

Muita gente tem a esperança de que a vida algum dia vai se acalmar, entrar em um ritmo mais brando, mas a verdade é que isso nunca acontece. Nós costumamos passar o tempo sonhando com algo que não conseguimos identificar e que *raramente* reflete o que realmente desejamos. Este capítulo é um convite para uma pausa e uma reflexão sobre como você pode recuperar o que há de mais precioso na vida e que o dinheiro não compra.

Tenho certeza de que não sou a única adulta a reconhecer muitos de meus próprios desejos nas esperanças e sonhos das crianças. Afinal de contas, quem não quer amigos, respeito, mais tempo livre, boa saúde e diversão? A diferença é que também ansiamos por segurança financeira e experiências que nos tragam satisfação interior.

O desejo de descobrir um outro jeito de viver que transcenda o que é definido como uma boa vida (leia-se trabalhar, correr, gastar e fazer) é enorme. O desafio é exatamente este: como manter-se conectado com suas reais necessidades e continuar sendo feliz?

Os custos ocultos do sonho americano do "quanto mais, melhor"

Tradicionalmente, segurança, mais oportunidades e felicidade eram os três pilares do que se chama de sonho americano. Aos poucos, porém, eles foram sendo ultrapassados por desejos consumistas. O medo de um futuro incerto levou a um individualismo extremado e a estilos de vida definidos pelo que se possui

– de mansões e automóveis de luxo a TVs de plasma e gigantescas porções de comida, a voracidade do americano médio está cada vez maior. Mas será que eles estão mais felizes?

Quase três quartos dos entrevistados pelo Harwood Group afirmaram possuir mais coisas que seus pais quando tinham a mesma idade, mas menos da metade se considera mais feliz do que os próprios pais. Talvez a insatisfação esteja ligada ao trabalho árduo e ao crescente endividamento. A carga horária média dos empregados americanos é de mais de 47 horas semanais. Ao mesmo tempo, o nível de endividamento é tão alto que a poupança nacional nunca foi tão pequena, enquanto o número de falências pessoais teve um grande aumento.

Segundo Juliet Schor, autora de *The Overworked American* (O americano que trabalha demais), "em termos de bens de consumo e serviços, seria possível atingir hoje o padrão de vida de 1948 em menos da metade do tempo necessário naquele ano. Nós poderíamos escolher trabalhar apenas quatro horas por dia ou metade do ano ou mesmo trabalhar um ano e descansar outro, sem deixar de receber".

Precisamos fazer algumas escolhas, como indivíduos e como sociedade, mas, pelo visto, as opções feitas até agora não foram exatamente as melhores.

O que realmente queremos?

Um exercício interessante é tentar enumerar quais são nossas verdadeiras fontes de felicidade. É natural que surjam alguns itens materiais (um rapaz estava entusiasmado com sua nova caixa de ferramentas e a própria habilidade de consertar qualquer coisa), mas a maior parte diz respeito a situações normais, ao alcance de qualquer um. Uma mulher disse que se sentia feliz quando tinha no colo o seu gato ronronando, outra quando estava dançando e outra ainda quando fazia arranjos de flores.

A lista prosseguiu incluindo os seguintes itens: amizade verdadeira, solidão, música, brilho do sol, crianças, intimidade, um passeio na floresta, um trabalho prazeroso, bons livros, independência, viagens, vontade de mudar o mundo, risos, preces, sentir-se amado.

Agora responda: o que *você* deseja e o dinheiro não compra? Sintonize-se com aquilo que é verdadeiramente importante para a sua vida e encontre a felicidade que tantos anseiam. Este capítulo enfoca as práticas e prioridades que podem ajudá-lo a viver de maneira mais equilibrada.

Desacelere, medite e ouça

O pré-requisito número um para identificar e satisfazer as necessidades mais profundas de uma pessoa é conseguir desacelerar e entrar em contato com o seu eu interior. Quando nos mantemos em movimento e enfocamos o que está ao nosso redor, viramos alvos de mensagens e imagens criadas para moldar nossos desejos e preferências. Existem várias maneiras de fazer isso – algumas simples, outras mais desafiadoras.

Quando nos sobrecarregamos fazendo listas mentais de coisas que precisam ser feitas, acabamos sem saber com certeza onde estamos ou onde queremos estar. Um bom começo é se conscientizar do desejo de desacelerar e resistir ao ritmo acelerado da vida. Todas as pessoas desenvolvem pequenos truques para fazer isso. Quando você estiver apressado, preso no trânsito, ansioso devido a um prazo final ou correndo para um treino de futebol, tente se manter equilibrado e sem tensões.

Os budistas chamam essa técnica de meditação de *mindfulness* (atenção autêntica), e em seu cerne está o foco de nossos sentidos para apreciar as maravilhas de cada momento. Deixe que suas preocupações se afastem. Pense na possibilidade de separar algum tempo para ficar em silêncio, para refletir ou fazer uma prece silenciosa. Tente criar intervalos de pelo menos 5 minutos, chegando a 20 sempre que possível. Trata-se de uma pausa para a quietude, um tempo não de *fazer*, mas de *ser*.

Esses momentos de relax nos levam a focar o presente – não as memórias de ontem ou a expectativa do amanhã, mas o momento imediato. Uma das peculiaridades do ser humano é que tendemos a sonhar com algum lugar perfeito no futuro ou a perder tempo nos preocupando com o que pode acontecer, em vez de usufruir o canto de um pássaro, a presença de um amigo e tantas outras bênçãos que estão ao nosso lado.

Essa prática nem sempre nos leva a uma nova percepção da realidade, mas de vez em quando conseguimos nos conectar a uma calmaria profunda e nos sentir parte de algo maior e mais universal que o *self*.

Pense nos amigos

Procure amigos que compartilhem os seus valores e interesses e priorize esses relacionamentos. Quanto mais ocupados estamos, mais difícil fica encontrar tempo para os amigos, mas é exatamente quando mais precisamos deles – para nos inspirar e energizar, para rir conosco. Felizmente, o que importa é a qualidade, não a quantidade.

Laura Carstensen, professora de psicologia da Universidade Stanford, estudou a amizade entre pessoas mais idosas e concluiu que três é o número crítico de amigos. Se você tiver três pessoas em sua vida com as quais realmente possa contar, estará nas mesmas condições de alguém que tenha 20 amigos. Jan Yager, autora de *Friendshifts* (Ciclo de amizades), afirma que fazer amigos e manter amizades é um pré-requisito básico para o bem-estar social, emocional e físico, e até para a longevidade. Os amigos podem servir de âncora quando as coisas se tornam difíceis e como fonte de alegria nos bons momentos.

Assim sendo, comece a priorizar os amigos. Tente organizar programas como caminhadas, passeios de bicicleta, telefonemas e visitas aos amigos mais queridos, cuja presença lhe dá prazer. Conheço uma mulher que mantém um "bate-papo na cozinha" uma vez por semana: ela convida as amigas para preparar as refeições e todas conversam enquanto cozinham.

Muitos de nós damos destaque ao auto-aperfeiçoamento, em geral porque o desejo de realizar, de causar impacto e de melhorar é uma parte maravilhosa da natureza humana. O risco é nos tornarmos escravos de nossas próprias programações e cobranças de qualidade.

Quando nos dedicamos a cultivar o relacionamento com os outros, podemos transcender nossa incansável necessidade de fazer e ser mais. Tente descobrir parte de seu próprio senso de afirmação nos relacionamentos, não nas conquistas.

Reduza o estresse e reavalie

Todos sabemos que o alto estresse contribui para uma série de problemas, inclusive alcoolismo, obesidade e divórcio. A vida fica parecendo uma constante emergência. Se estiver cansado, diminua o ritmo, diga *não* com mais freqüência e questione a necessidade de estar sempre um passo à frente do grupo – uma causa infalível de estresse. Algumas vezes, quando recuamos e saímos do tumulto, ganhamos uma nova perspectiva. E percebemos que o mundo continuará girando sem o nosso esforço extra.

Milhões de americanos estão optando por trabalhar menos horas, em geral com um correspondente corte nos salários, para ter mais tempo para as coisas que são realmente importantes. É claro que nem todos podem fazer essa opção, seja por razões financeiras ou por quaisquer outros motivos, mas várias ONGs, agências governamentais e empresas privadas estão fazendo experiências com acordos de trabalho mais flexíveis. O objetivo é claro: ajudar seus empregados a reduzir o estresse e reconquistar um tempo livre para aproveitar o outro lado da vida.

Isso envolve reorientar nossa disposição mental. É inevitável que nos preocupemos em controlar os resultados de nossos esforços no trabalho e em casa – famílias de baixa renda, principalmente, enfrentam o grande desafio de conseguir satisfazer suas necessidades básicas. Mas, se o risco não é tão grande, podemos deixar que as conseqüências aconteçam por si mesmas, sem nos preocuparmos com elas.

Deixe a tecnologia melhorar, não dominar sua vida

Vivemos plugados na internet, TV a cabo, telefones celulares, DVDs, computadores de mão e correio eletrônico. Grande parte dessa tecnologia não era comum há dez anos, mas agora ambientes virtuais estão por toda parte e as pessoas reclamam que as coisas estão saindo do controle. Ninguém está conseguindo acompanhar todos os estímulos, informações e escolhas que chegam continuamente. Há um limite em relação a quanto podemos absorver, à velocidade com que conseguimos processar o que absorvemos e também em relação a quanto conseguimos manter sob controle.

Algum dia poderá haver um recuo, mas hoje estamos no auge dessa revolução digital. O desafio é aproveitar a tecnologia para melhorar a qualidade de vida sem se deixar dominar por uma quantidade sem precedentes de entretenimento e informações eletrônicas. Considere as seguintes opções:

- Assista menos TV, plante mais flores.
- Use o telefone celular somente para emergências.
- Esqueça-se do e-mail pelo menos durante as férias e aproveite para reconquistar o prazer de uma boa conversa,

leitura ou passatempo predileto. As pessoas entenderão, principalmente se todo mundo começar a fazer o mesmo!

- Resista à tentação de trocar seu computador por um modelo mais novo só porque tem condições de fazê-lo.
- Não compre o último modelo de agenda eletrônica, principalmente se você já sentiu que ela vai dominar todo o seu tempo livre e tirá-lo do convívio com a família e com os amigos.
- Passe pelo menos uma semana por ano sem usar nenhuma forma eletrônica de entretenimento, sem ouvir rádio ou ler jornais. Aventure-se por algum parque estadual, convide os vizinhos para uma noite de charadas ou construa uma casa na árvore. Rebele-se contra o sistema.
- Curta a hora do pôr-do-sol.
- Não atenda o telefone na hora do jantar. Faça com que esse seja um momento de tranqüilidade e paz com sua família.

Procure estar sempre em contato com a natureza

Se você mora numa área mais urbana e congestionada, trabalha o dia todo sob luz artificial e em ambiente fechado e passa a noite recuperando-se diante da TV, entrar em contato com a natureza vai exigir um esforço consciente de sua parte. Não é preciso ser nenhuma aventura num local isolado. Tente apenas caminhar várias vezes na semana, prestando atenção à beleza ao seu redor, e você vai ganhar uma nova perspectiva.

Sua mente pode ficar travada em todas as coisas que você tem de fazer, mas mude o foco quantas vezes for preciso e se force a admirar as nuvens e árvores, a sentir o vento e o perfume das flores. Convide um colega para caminhar durante o intervalo do almoço e abandone, pelo menos temporariamente, aquela lista de pequenas preocupações que estão sempre em nossas mentes, e assim redescubra o que realmente tem importância. Será um refresco para a mente.

Experimente uma ou mais dessas sugestões:

- Almoce ao ar livre, de preferência num parque ou à beira-mar, pelo menos uma vez por semana.
- Crie o hábito de levar seus filhos para observar as estrelas antes da hora de dormir.
- Procure conhecer o lugar onde mora e divirta-se explorando o ecossistema local.
- Levante-se mais cedo para assistir ao nascer do sol.
- Marque um piquenique romântico em algum lugar de grande beleza.
- Acampe, escale uma montanha, ande de barco ou caminhe por uma trilha silenciosa.

Rebele-se, divirta-se e brinque

É verdade que somos recompensados pelo trabalho árduo, mas o preço é alto – perdemos o contato com nossos sentidos e estamos, em geral, cansados demais para nos divertir. O jeito é de vez em quando colocar de lado a lista de obrigações, dar um tempo nas exigências e redescobrir a diversão. Mas antes responda uma pergunta: o que é divertimento para você?

Dance, participe de uma pescaria, planeje um fim de semana fora com os amigos, construa alguma coisa, pinte, faça uma escalada, passe o dia na praia, visite sua avó e grave as histórias que ela contar, plante algo, seja curioso sobre algum assunto – uma batalha da Guerra Civil, um estilo arquitetônico, enfim, sinta-se vivo. Surpreenda alguém com um telefonema inesperado, asse pães, toque um instrumento, não fique falando sobre algo ou sonhando – faça!

Tempos atrás, meus filhos tiveram um dia de folga na escola.

Como eu tinha voltado de uma longa viagem de trabalho, precisava desesperadamente colocar em dia o trabalho do escritório. Entretanto, resolvi passar o dia me divertindo com as crianças. Primeiro, comemos nosso café da manhã predileto sem a mínima pressa. Depois, pegamos as bicicletas e fomos pedalar num parque próximo de casa. Mais tarde, brincamos com os jogos de tabuleiro de que mais gostamos. No final do dia, tomei um longo banho quente de banheira, à luz de velas, e depois bebi uma deliciosa taça de vinho com meu marido, ao mesmo tempo que as crianças se divertiam lendo livros, organizando seus quartos, fazendo algum planejamento para seus projetos escolares enquanto esperavam que eu as colocasse na cama.

Foi uma deliciosa trégua na rotina diária de todos nós. Um dia sem trabalhar não foi o fim do mundo, embora, é claro, eu não tenha conseguido responder a todos os e-mails quando retomei a rotina no dia seguinte. Por saber que minhas prioridades estavam no lugar certo, senti-me mais energizada do que se tivesse corrido para o escritório. Algumas vezes é preciso dizer não à rotina e às expectativas dos outros e nos entregar às alegrias simples da vida.

Busque a sabedoria

Arranje tempo para ler poesia, romances e textos sagrados que ajudem a mantê-lo ligado aos seus valores e sonhos. Além de consolo e inspiração, a leitura também oferece uma maneira de congraçamento, uma sensação de que estamos ligados a uma comunidade de seres humanos que buscam a felicidade. Existe sabedoria no passado e no fato de muitas das perguntas serem as mesmas desde que o mundo é mundo.

Livros antigos ou novos, há muito o que aprender com eles. Há quem dedique 10 minutos todas as manhãs à leitura de orações ou à meditação. Conheço um casal que lê em voz alta um para o outro todas as noites, antes de dormir. Manter um diário também é um ótimo exercício espiritual e psicológico, pois torna concretos os nossos pensamentos.

Eu faço anotações dos meus altos e baixos uma vez por semana e reflito sobre novas percepções ou obstáculos. Costumo também recortar coisas que leio em livros ou revistas e que possam me oferecer novas maneiras de compreender a vida. Periodicamente, volto atrás, faço uma lista das coisas que mais desejo na vida e observo se estou alcançando o equilíbrio e as conexões que são mais importantes para mim.

É fundamental estar sempre se questionando e procurando modos de vida que reflitam seus valores positivos. O que é realmente importante? Quanto é o bastante? O que realmente quero e do que realmente preciso? Qual é a minha conexão ou obrigação com as pessoas que sofrem desnecessariamente? Por que estou correndo? O que posso fazer para viver de acordo com meus valores, desejos e necessidades mais profundos? O que me faz feliz? Como posso permanecer centrado num mundo desequilibrado? Quando me sinto verdadeiramente em paz? Estou ajudando a fazer do mundo um lugar melhor? Ainda estou me divertindo? O que *eu* realmente quero que o dinheiro não compra?

Converse sobre essas questões com seu cônjuge e também com seus filhos. Não há respostas prontas – na verdade, se tudo correr bem, é provável que passemos a vida inteira nos fazendo essas mesmas perguntas. Mas, ao vivenciarmos esse tipo de questão, como o poeta Rilke nos estimulou a fazer, vivemos de acordo com nossos corações e ignoramos a cultura dominante, que está sempre nos instigando a comprar nosso caminho para a satisfação.

Ajude a mudar o sistema

Muitas pessoas que buscam a resposta para "O que eu realmente quero que o dinheiro não compra?" também se interessam em descobrir como mudar o sistema. O desafio está em engajar politicamente pessoas e lutar para reestruturar as coisas o mais rápido possível. Como diz o velho refrão, a união faz a força. Por que não lutar por uma semana de quatro dias úteis, por que não levantar e dizer não às propagandas voltadas para crianças pequenas? Isso foi feito no Canadá, na Alemanha e na Suécia. Se eles podem fazê-lo, por que nós não poderíamos?

Precisamos desacelerar o ritmo e tomar conta de nossos filhos. Parar de glorificar o consumismo sobre todas as coisas e lutar para que a sociedade volte a significar muito mais do que os interesses das empresas privadas. Para isso, a força da coletividade é fundamental. Sem apoio, cada família continuará tendo de cuidar sozinha de si mesma e a pressão para conseguir se manter permanecerá intensa.

Além do "eu interior"

Todas as tradições sugerem que a verdadeira alegria envolve o sentimento de desapego, de dor, de perda e a necessidade de controlar e de apoderar-se de mais coisas – do perdão para si mesmo, se você feriu alguém, propositalmente ou não, e também para quem possa tê-lo magoado. Isso requer fidelidade a algo maior que o *self*. As pessoas, em todas as partes do mundo, celebram vidas dedicadas a um propósito mais amplo ou ao próximo. Elas sempre o fizeram.

Quando nos permitimos ser tocados por uma visão ou por um chamado para uma ação social, algo se agita em nosso interior. Freqüentemente resistimos ou evitamos agir de acordo com nossos sonhos, devido a medos, frustrações ou falsas crenças de que o trabalho que se baseia nos sentimentos é algo impraticável. Infelizmente, nossas intenções e dons acabam sendo anulados à medida que o tempo passa e nossas agendas se tornam rotineiras.

Temos a tendência de assumir menos riscos e temos dificuldades em imaginar como ultrapassar os obstáculos mais corriqueiros, mas quando a empatia e o amor nos levam a agir, coisas maravilhosas costumam acontecer. Quando começamos a perseguir nossos sonhos e a ouvir nossa voz interior, acabamos gerando uma mudança interna radical que nos faz ver o mundo com outros olhos.

Há muitas maneiras de descobrir como usar nossos dons singulares para fazer do mundo um lugar melhor. Uma sugestão é serenar e centrar-se, ou relacionar-se com uma pessoa que viva à margem da sociedade. Essas amizades podem ser transformadoras e são capazes de trazer novas idéias quando se trata de descobrir o que é realmente importante.

Desacelere e observe se existe um impulso em seu coração para servir ou ajudar a resolver um problema em nome do bem comum. Talvez isso envolva demonstrações de bondade com alguém que está sendo ignorado no escritório, ou uma visita a um amigo idoso. Muitas vezes, quando mergulhamos em nós mesmos, sentimos um impulso. Pode levar algum tempo até que possamos diferenciar uma vocação verdadeira de mera fantasia, mas tente ouvir sua voz interior.

Existe algo que você sempre desejou fazer, mas não achou viável? Talvez você tenha desejado mudar algo no escritório ou denunciar alguma prática ilícita. Não deixe para depois. Muita gente deixa seus empregos para ensinar, tornar-se assistentes sociais, levar conhecimentos sobre negócios a ONGs, criar programas de atividades para pré-escolares necessitados, viajar com uma agência de ajuda estrangeira ou envolver-se politicamente.

Cada indivíduo tem um dom e uma visão de algo que poderia ser melhor. Qualquer que seja o impulso, preste atenção. É provavelmente parte do que você deseja de verdade e que o dinheiro não compra.

Transcendendo o medo

Apesar da extraordinária liberdade e do domínio dos Estados Unidos no palco mundial, os americanos não se sentem seguros. Eles têm medo do futuro, especialmente para seus filhos, do terrorismo, das guerras e da possibilidade de as coisas simplesmente desmoronarem. Receiam ficar para trás e, é claro, temem a morte.

Alguns psicólogos e sociólogos argumentam que a motivação básica por trás dessa busca incessante é a necessidade de conter medos e preocupações. Enfrentar essas inseguranças e encontrar esperança na vida em comunidade, nos amigos, na fé e na compaixão humana talvez seja a única saída.

Quando nos sentimos seguros e protegidos numa comunidade de famílias que apóiam umas às outras, ou na experiência do sagrado, livramo-nos das ansiedades. Quando ajudamos a resolver problemas sistêmicos (soluções de longo prazo na área de saúde e políticas habitacionais) e sabemos que outros também estão ajudando, sentimos uma confiança mais genuína.

Quando nos reencontramos com a natureza, com a família e com os prazeres simples, o medo é atenuado. Ele pode não desaparecer, mas, definitivamente, não precisa dominar nossas vidas. Ao recuperarmos a alegria de uma boa conversa, da vida ao ar livre e da diversão, podemos conquistar uma sensação de segurança e tranqüilidade e relaxar quanto ao futuro.

O amor é a resposta?

Talvez, no fim das contas, os seres humanos sejam feitos para o amor. Em minha opinião, ele está profundamente codificado em nosso DNA. Eu creio nisso. Acho que somos programados para dar e receber amor – esse é o desejo fundamental de todas as crianças e adultos. O antídoto para a busca por significado, para as tensões e ansiedades sobre como manter nosso estilo de vida, ou sobre qualquer outra questão, é a possibilidade do amor. É essa capacidade de conexão humana profunda e a sensação de fazer parte de um mundo natural que nos permitem responder à questão: o que eu realmente desejo e o dinheiro não compra?

O amor é a única coisa que pode vencer o medo, a insegurança e a dor. Diferentemente da competição para maximizar a vida e a felicidade, o amor tem mais a ver com abrir nossos corações, não com a idéia de progresso. Precisamos ouvir e manter contato com algo maior do que nós mesmos, não importa como o chamemos: Deus, leis da natureza, Tao ou voz interior. É isso que nos faz redescobrir nossas melhores intenções e o espírito de entendimento e compaixão.

Podemos perdoar e amar de novo; nos sentir amados e, em troca, amar livremente. Podemos ainda ficar motivados a despender mais vida e energia a serviço do bem comum não por nos sentirmos na obrigação, mas por um sentimento interior de profunda conexão com as outras pessoas. Assim sendo, adote o amor como princípio básico. É isso o que todo mundo realmente deseja e o dinheiro não compra.

Nota da autora

O Centro para um Novo Sonho Americano é uma organização não-governamental sem fins lucrativos que ajuda os americanos a consumir com responsabilidade para melhorar a qualidade de vida, proteger o ambiente, fortalecer a justiça social e recuperar as alegrias não-materiais da vida. Fundado em 1997, quando a opinião pública começava a culpar a "busca do sonho americano" pela carga de trabalho exagerada, pelo estresse, pela desagregação familiar, pelo lazer zero e pela degradação ambiental, o Centro tinha como objetivo estimular um "sonho diferente" – baseado na economia dos recursos não-renováveis, nas responsabilidades mútuas, na segurança e na celebração dos valores fundamentais da vida.

Ao mesmo tempo visionário e prático, o Centro busca facilitar tanto o sonhar quanto o fazer. Ele ajuda indivíduos e instituições a reconhecer a necessidade urgente de conservar os recursos naturais e reagir à comercialização de nossa cultura, e aponta soluções. Também estimula o espírito empreendedor americano, enfatizando uma abordagem gradual para gerar mudanças e uma vida repleta de diversão e realizações.

O site www.newdream.org é interativo e informativo; oferece dicas práticas para educar crianças saudáveis, consumir com sabedoria e ter mais alegria com menos coisas.

Agradecimentos

Este livro não teria se tornado realidade sem o apoio de um grande número de pessoas. Obrigada a Gina Duffin, por propor que o Centro para um Novo Sonho Americano organizasse um concurso perguntando às crianças o que elas realmente querem que o dinheiro não compra. A equipe e os diretores do Centro merecem a minha gratidão principalmente por superarem minhas ausências periódicas, enquanto eu batalhava na elaboração deste livro. Vários indivíduos que trabalharam e que ainda trabalham no Centro me ajudaram com pesquisas sobre crianças e consumismo, dentre eles Eric Brown, Monique Tilford, Laura Hartman, Sara Pipher, Erin Yost, Katie Milligan, Kathryn Bangs, Erica Morgan e Trish Wotowiec.

Meus agradecimentos a Megan Scribner, Rebecca Mazur e Andi Pearl, por lerem uma primeira versão do manuscrito e por me oferecerem valiosos conselhos. Minha assistente-executiva, Amy Rutledge, foi o elo com a Warner Books, ajudou-me com pesquisas e forneceu chocolate em grandes quantidades para encorajar-me. Agradeço à minha agente, Joann Davis, por ajudar-me a conceituar o livro e por levar com sucesso a idéia a Jamie Raab, na Warner Books. Jamie é uma fantástica editora e me ofereceu correções cruciais, assim como a talentosa editora Frances Jalet-Miller ofereceu-me uma ajuda excepcional e perspicaz nas fases finais de redação e edição.

Estou profundamente agradecida às muitas ONGs que apóiam o meu trabalho. Devo agradecimentos especiais a Colleen Kapklein e Peter Barnes, que abraçaram o projeto com grande entusiasmo, e a Lani Duncan, Carol Hoage e Karen Woeste, que me ajudaram a não perder o foco. Finalmente, agradeço a algumas pessoas muito especiais, que me ajudaram com idéias sobre como educar os filhos e viver de maneira consciente num mundo consumista. Gordon Cosby me inspirou, provocou e ensinou muito sobre o que é realmente importante na vida. Donella Meadows, embora já tenha partido deste mundo, continua a influenciar os meus caminhos. Alan Durning, Ron Heifitz, Juliet Schor e Mary Pipher me proporcionaram grandes "Ahás" sobre a vida.

Neil, John, David, tio Hal, tia Barb, Lynne e os primos Swisher, além das famílias Taylor e May, me ensinaram sobre a importância dos parentes mais distantes. Meu marido, Denny May, sempre crítico, porém espirituoso, elevou meus critérios de avaliação e me forneceu amor incomensurável. Obrigada a Emily e Gus, por me trazerem tanta felicidade. E, finalmente, sou profundamente agradecida aos meus pais, Anne e Neil Taylor, por me ensinarem, desde criança, a apreciar as fontes não-materiais de alegria na vida.

Conheça outros importantes títulos da Editora Sextante

As crianças aprendem o que vivenciam

Dorothy Law Nolte e Rachel Harris

Esse livro vai lhe ajudar a refletir sobre o exemplo que está dando aos seus filhos. Ele traz ensinamentos fundamentais para que os pais ajudem as crianças a lidar com o medo, a hostilidade e a inveja, assim como a desenvolver a autoconfiança, a coragem, o senso de verdade e justiça, o amor e o respeito pelos outros.

10 princípios básicos para educar seus filhos

Laurence Steinberg

Esse livro se fundamenta em pesquisas bem elaboradas para falar sobre a função dos pais na educação das crianças. Um dos psicólogos mais conceituados dos Estados Unidos, Laurence Steinberg resume e relata, em linguagem simples e acessível, o que os especialistas aprenderam em décadas de pesquisas abrangendo milhares de famílias.

A arte de educar crianças

Ron Clark

Movido por uma verdadeira obstinação em fazer a diferença na vida de cada um de seus alunos, o professor Ron Clark elaborou uma lista com as quatro verdades universais sobre as crianças e 55 regras com orientações básicas sobre boas maneiras dentro e fora da sala de aula.

CONHEÇA OS 50 CLÁSSICOS DA SEXTANTE

Espiritualidade/Inspiração

Muitas vidas, muitos mestres, de Brian Weiss
Muitas vidas, uma só alma, de Brian Weiss
Jesus, o maior psicólogo que já existiu, de Mark W. Baker
Conversando com os espíritos, de James Van Praagh
A última grande lição, de Mitch Albom
Uma ética para o novo milênio, de Sua Santidade, o Dalai-Lama
A arte da meditação, de Daniel Goleman
O Mestre dos Mestres (Coleção Análise da Inteligência de Cristo), de Augusto Cury
Espiritualidade, um caminho de transformação, de Leonardo Boff
Autobiografia de um iogue, de Paramahansa Yogananda
O Poder do Agora, de Eckhart Tolle

Negócios

O monge e o executivo, de James C. Hunter
Como se tornar um líder servidor, de James C. Hunter
Jesus, o maior líder que já existiu, de Laurie Beth Jones
Faça o que tem de ser feito, de Bob Nelson
Seu balde está cheio?, de Tom Rath e Donald O. Clifton
A hora da verdade, de Jan Carlzon
A Boa Sorte, de Álex Rovira Celma e Fernando Trías de Bes
Você é mais capaz do que pensa, de John G. Miller
Seis fundamentos do sucesso profissional, de Stuart R. Levine

Ficção

O Código Da Vinci, de Dan Brown
Ponto de Impacto, de Dan Brown
Anjos e Demônios, de Dan Brown
Fortaleza Digital, de Dan Brown
As cinco pessoas que você encontra no céu, de Mitch Albom

Livros de bolso

Você é insubstituível, de Augusto Cury
Dez leis para ser feliz, de Augusto Cury
Seja líder de si mesmo, de Augusto Cury
Palavras de sabedoria, de Sua Santidade, o Dalai-Lama
A vida é bela, de Dominique Glocheux
Filtro solar, de Mary Schmich
Posso conseguir o que desejo, de Iyanla Vanzant
Quem acredita sempre alcança, de Peter McWilliams

Auto-ajuda

O método fácil de parar de fumar, de Allen Carr
Por que os homens fazem sexo e as mulheres fazem amor?, de Allan e Barbara Pease
Desvendando os segredos da linguagem corporal, de Allan e Barbara Pease
Por que os homens mentem e as mulheres choram?, de Allan e Barbara Pease
O poder que vem do seu nome, de Aparecida Liberato e Beto Junqueyra
Nunca desista de seus sonhos, de Augusto Cury
Pais brilhantes, professores fascinantes, de Augusto Cury
100 segredos das pessoas felizes, de David Niven
100 segredos dos bons relacionamentos, de David Niven
Não leve a vida tão a sério, de Hugh Prather
Mantenha o seu cérebro vivo, de Laurence Katz e Manning Rubin
Enquanto o amor não vem, de Iyanla Vanzant
A Dieta do Abdômen, de David Zinczenko e Ted Spiker
A Dieta de South Beach, de Arthur Agatston
O poder da paciência, de M. J. Ryan

Referência

1.000 lugares para conhecer antes de morrer, de Patricia Schultz
O ócio criativo, de Domenico De Masi

INFORMAÇÕES SOBRE OS PRÓXIMOS LANÇAMENTOS

Para receber informações sobre os lançamentos da EDITORA SEXTANTE, basta enviar um e-mail para
atendimento@esextante.com.br
ou cadastrar-se diretamente no site
www.sextante.com.br

Para saber mais sobre nossos títulos e autores, e enviar seus comentários sobre este livro, visite o nosso site:
www.sextante.com.br

EDITORA SEXTANTE
Rua Voluntários da Pátria, 45 / 1.404 – Botafogo
Rio de Janeiro – RJ – 22270-000 – Brasil
Telefone: (21) 2286-9944 – Fax: (21) 2286-9244
E-mail: atendimento@esextante.com.br